Philosophie und Öffentlichkeit

Titelgraphik: Dieter Lang
Gesamtherstellung: Fränkischer Tag GmbH & Co. KG, Bamberg
Printed in Germany

ISBN 3-928648-06-3

Philosophie und Öffentlichkeit

Inhalt

Vorwort

Zeitgemäßes philosophisches Denken sieht sich in unseren Breiten heute vor einer schwer zu lösenden Aufgabe: Während in der zünftigen deutschen Philosophie sich das Vorurteil hält, philosophische Tiefe und Breitenwirkung schlössen sich aus, sind weder die Denker in angelsächsischen noch die in romanischen Ländern dieser voraufgeklärten Irrlehre je gefolgt. Hier tut in deutschen Landen Aufklärung nach der Aufklärung not.

„Philosophie und Öffentlichkeit", das Thema der Bamberger Hegelwochen 1991, stellt sich dieser Herausforderung. Daß, wer etwas zu sagen hat, deswegen nicht unverständlich sein muß, ist eine Facette öffentlichen Vernunftgebrauchs; daß es sich dabei um Gegenstände öffentlichen Interesses handeln darf, ist eine weitere; daß dieses Denken gegenwärtig unter Bedingungen der Allgegenwart von Öffentlichkeitsmedien steht, eine dritte.

Wer Ohren hat zu hören und Augen hat zu sehen, wird keinen Zweifel daran hegen, daß die geistige Situation unserer Zeit, in Gedanken gefaßt, als revolutionärer Abschied von Revolutionen und Avantgarden zum Gegenstand gemacht werden mußte. Die beiden Vorträge des Hauptredners der Bamberger Hegelwochen 1991 wendeten sich daher diesen Fragen zu. Die Podiumsdiskussion, an der neben Hermann Lübbe auch die Berliner Philosophin Annegret Stopczyk, der Münchner Fernsehredakteur Tilman Steiner und der Bamberger Zeitungsjournalist Willy Heckel teilnahmen, befaßte sich explizit mit dem Gesamtthema „Philosophie und Öffentlichkeit".

Das gegenüber den Bamberger Hegelwochen 1990 erweiterte Konzept einer „neuen Bürgerlichkeit der Philosophie" bewies erneut seine Tragfähigkeit: Sowohl die Vortrags- und Diskussionsveranstaltungen als auch die an einem „Tag der offenen Tür" dem außeruniversitären Publikum zugänglichen philosophischen Lehrveranstaltungen stießen auf reges Interesse, und die im Gefolge der ersten Bamberger Hegelwochen gegründete „Fränkische Gesellschaft für Philosophie" trat in diesem „Philosophischen Sommer" sichtbar in Erscheinung. Der angestrebte

Dialog, der ebensosehr der Herstellung einer philosophischen Öffentlichkeit wie einer öffentlichen Philosophie dient, hält an.

Dank abzustatten ist mir erneut angenehme Pflicht: Gedankt sei dem Freistaat Bayern, der Otto-Friedrich-Universität und der Stadt Bamberg sowie dem „Fränkischen Tag". Nicht vergessen seien die Mitarbeiterinnen, Mitarbeiter und Stipendiaten an meinem Bamberger Lehrstuhl: Beate Bauer, Heinrich Horstmann, Natalie Kuchinka, Ralf Liedtke, Iris Parsiegla, Rita Plüisch, Mike Sandbothe, Klaus Stein, Ingeborg Uchtdorf und Stefan Wolf, die mit ungebrochenem Idealismus, aber wachsender Routine die Bamberger Hegelwochen auch im Jahr 1991 wieder zu einem Erfolg gemacht haben. Danken möchte ich insbesondere meiner Mitarbeiterin Antje Gimmler, die wie schon im letzten Jahr die anforderungsreiche Aufgabe der Überarbeitung der Tonbandnachschriften übernommen hat.

Bamberg, Braunschweig und Erlangen im Januar 1992

Walther Ch. Zimmerli

Walther Ch. Zimmerli

Die neue Bürgerlichkeit der Philosophie

Eröffnung der Bamberger Hegelwochen 1991

Meine sehr verehrten Damen und Herren!

Die Bamberger Hegelwochen gehören in den Zusammenhang einer Philosophie als Bürgersache und sind so nur die Spitze des Eisbergs, allerdings immerhin die Spitze. Das heißt, es gibt noch allerhand anderes unter Wasser; ich will die Eisberg-Metapher jetzt nicht weiter strapazieren, denn es ist ganz und gar nicht kalt hier. Die Bamberger Philosophie ist – das habe ich in den letzten zweieinhalb Jahren selbst erfahren (und mitgestalten) dürfen – durchaus lebendig, warmherzig und offen.

Philosophie als Bürgersache, so hatte ich im letzten Jahr versprochen, sollte Anliegen des ganzen Eisberges, nicht nur der Spitze, der Hegelwochen, sein. Und in der Tat hat sich immerhin um die Hegelwochen herum bereits in etwas größerer zeitlicher Erstreckung das, was wir den „Bamberger Philosophischen Sommer" nennen, angelagert. Wir hoffen nun, daß es, der Eisberg-Metapher entsprechend, auch noch zu einem Bamberger Philosophischen Winter kommen wird, so daß wir dann das ganze Jahr hindurch mit einem Kontakt zwischen Philosophie und Öffentlichkeit präsent sein können. Ein Schritt in dieser Richtung ist die Gründung einer Fränkischen Gesellschaft für Philosophie als Folge der letztjährigen Hegelwochen.

„Philosophie als Bürgersache", das kann mehreres heißen. Das kann z. B. heißen, daß die Philosophie auf den sokratischen (oder besser vielleicht: sophistisch-sokratischen) Markt geht, daß sie ihre Dienste anbietet und umgekehrt sich befruchten läßt von dem, was in der öffentlichen Debatte steht. Das setzt natürlich hohe fachliche Qualität voraus, d. h. es setzt voraus, daß innerhalb des berühmten Elfenbeinturmes eine fachliche Kompetenz ausgebildet wird. Wer würde gerne zu einem Chirurgen gehen, der nur operiert, aber keine wissenschaftlichen Kenntnisse hat? Wer würde umgekehrt gerne zu einem Chirurgen gehen, der nur Vorlesungen hält, aber nicht operiert? Beide Aufgaben der – um dieses Bild weiterzutreiben – medicina mentis, wie Tschirnhausen das genannt hat, beide Aufgaben also der Geistesmedizin sind Aufgaben der Philosophie als Bürgersache. In der Gegenwart heißt allerdings „Philosophie auf den Markt bringen" auch, den Markt philosophisch zu erfassen, d. h. zu begreifen, was sich nach dem scheinbaren Triumph der Marktwirtschaft eigentlich gegenwärtig in der Welt ereignet. Um beides bemüht sich die Bamberger (und nicht nur die Bamberger) Philosophie: eine Philosophie für die Wirtschaft und die Wirtschaftswissenschaften ebenso zu sein wie für die Fachphilosophen, für die Universität ebenso wie für die Öffentlichkeit. Dies heißt dann im engeren Sinne bürgerliche Philosophie.

Und was hat diese bürgerliche Philosophie, so werden Sie sich fragen, eigentlich zu bieten? Was hat diese bürgerliche Philosophie, nachdem sie vom Schimpfwort zum Adelstitel geworden ist, gegenwärtig an spezifischen Leistungen anzubieten, die sie auszeichnen vor anderem Philosophieren? Nach dem Ende, wenn auch vielleicht nicht des Wunschtraums einer klassenlosen Gesellschaft, so doch mindestens nach dem Ende des Zerrbildes seiner real existierenden sogenannten Verwirklichung geht es nun darum, die Bürgerlichkeit der Philosophie neu zu bestimmen, die **neue Bürgerlichkeit** der Philosophie in Gedanken zu fassen.

Und das heißt zugleich, daß wir es in unserer Zeit tun müssen; bloße Rückgriffe auf das klassische Bürgertum, auf das aufkommende Denken der bürgerlichen Gesellschaft, reichen nicht aus, wenn sie auch hilfreich sind. Nicht das beginnende 19. Jahrhundert, sondern das auslaufende 20. Jahrhundert ist damit unser Thema. Jenes Bürgertum der Philosophie des beginnenden 19. Jahrhunderts und unsere gegenwärtige neue Bürgerlichkeit trennt die epochale Erfahrung, daß sich das Projekt der Aufklärung, nämlich wissenschaftlich-technisch die Welt sich untertan zu machen, nicht als Utopie, sondern realiter verwirklicht hat und daß diese Realisierung ihrerseits zu Konsequenzen geführt hat, die man nicht ungeteilt wollen kann.

Die neue Bürgerlichkeit der Philosophie wird unter verschiedensten Stichworten verhandelt: unter dem Stichwort „postindustrielle Gesellschaft", „Postmoderne" oder – was ich persönlich bevorzuge – „technologisches Zeitalter". Unter welchem Stichwort auch immer – für uns geht es jedenfalls darum, diese neue Bürgerlichkeit der Philosophie als eine Erfahrung mit der alten Bürgerlichkeit der Philosophie, d. h. mit der Realisierung des Projektes der Aufklärung, neu zu lesen, neu zu verstehen. Orientierungswissen ist gefragt, und – wenn Sie mir den Kalauer erlauben – Orientierungswissen kann nun nicht länger heißen, was es wörtlich heißen würde, nämlich wissen, wo Osten ist. Unterdessen hat der Osten als politische, ideologische und philosophische Größe ausgespielt. Es wird darum gehen, sich neu einzurichten: **Pluralismus** ist ein Stichwort, **Moralismus** ist ein Stichwort und **Naturalismus** ist ein Stichwort. Pluralismus, Moralismus, Naturalismus scheinen Größen zu sein, die das, was die bürgerliche Philosophie der Gegenwart, d. h. die neue Bürgerlichkeit der Philosophie ist, bestimmen.

Wenn hinsichtlich des Inhalts die Absetzung geboten ist, dann ist vielleicht hinsichtlich des Verfahrens der Schritt zurück hinter die alte bürgerliche Philosophie oder in ihre Anfänge hinein, nämlich in die Aufklärung selbst, nicht verfehlt. Was zeichnete denn jenes Denken aus, an das wir anknüpfen können, ohne es wiederholen zu müssen? Es war zweierlei, es war die Hochschätzung der Tugend der **Eklektik,** und es war zweitens die Hochschätzung jener Grundbegabung, mit der wir alle ausgestattet sind, wenn wir denn philosophiefähig und überhaupt Menschenwesen sein wollen, nämlich die Grundbegabung des **Common sense,** der gemeinen oder gesunden Vernunft. Dieses beides, die Tugend des Eklektizismus wieder zu lernen und an den Common sense anzuknüpfen, wäre, denke ich, die gebotene Marschrichtung.

Kein Geringerer als unser „Hausheiliger" Hegel weiß hierzu Genaueres. Er sagt nämlich im Intelligenzblatt von Mehmels Erlanger Literaturzeitung vom 26. 12. 1801, es müsse unterschieden werden zwischen dem „großen Haufen", den die „Unphilosophie" für eine gewisse Zeit immer wieder anziehe, auf der einen Seite und dem „allgemeinen Interesse, das die Philosophie wirklich gefunden“ habe, auf der anderen Seite, nämlich „ihrer großen weltbürgerlichen“ – so wörtlich – „Beziehung, ihrem Einfluß auf die Bildung des allgemeinen und einzelnen Lebens der Menschen“[1]). Dies ist sozusagen Programm. Und das kann man nun in anderen Worten sagen: „Man erkennt: Der Gedanke fortschreitender Ablösung des Gemeinsinns durch den wissenschaftlich-technisch elaborierten Sachverstand ist ein Nonsens-Gedanke [. . .]. Es ist wahr: Mit der Verwissenschaftlichung unserer zivilisatorischen Lebensgrundlagen erleidet der Common sense Kompetenzverluste, die der Kompensation durch Vertrauen bedürfen. Wo es Gründe gibt, Vertrauen zu verweigern oder zu entziehen, ist der Gemeinsinn die Instanz dieser Vertrauensverweigerung und dieses Vertrauensentzugs. Kurz: Stets bleibt der Common sense Herr der Lage.“[2]) – Dieses zweite Zitat stammt natürlich von Hermann Lübbe. – Hegel begann – die wenigsten wissen das – seine Karriere als dunkler dialektischer Philosoph damit, daß er Philosoph des Common sense, der klaren, aufklärungsgestützten Philosophie war, um von da aus, die offensichtlichen Schwächen des Common sense kompensierend, eine dialektische Systemphilosophie von Weltrang zu entwickeln. Die neue Bürgerlichkeit der Philosophie wird gut beraten sein, sich daran zu erinnern, daß auch ihr Ausgangspunkt der Common sense ist.

Meine Damen und Herren, die Idee der Hegel-Wochen besteht darin, sich zu fragen: Was würde Hegel wohl gesagt haben, wenn wir ihn zu einem Vortrag nach Bamberg eingeladen und ihn gebeten hätten, zu den für ihn wichtigen Themen unserer Zeit zu sprechen? Ich vermute beinahe, daß Hegel uns etwas Ähnliches zu sagen gehabt hätte wie das, was Hermann Lübbe uns heute sagen wird. Ich vermute also – so sehr sich Fachkenner vielleicht darüber wundern mögen –, daß zwischen dem, was Hegel, der Grunddenker der bürgerlichen Gesellschaft, geleistet hat, und dem, was Hermann Lübbe, der Grunddenker der neuen bürgerlichen Gesellschaft, leistet, eine enge Verwandtschaft besteht. (Es besteht allerdings auch mindestens ein Unterschied: Hegel war ein schlechter Redner!)

Meine Damen und Herren, wenn ich Ihnen nun Hermann Lübbe vorstellen sollte, müßte ich natürlich von dem Vorstellungsunbedürftigkeitstopos Gebrauch machen, den man gewöhnlich verwendet, indem man sagt, jemand sei besonders und insbesondere und noch mehr und ganz besonders vorstellungsunbedürftig. Dieses ist bei Hermann Lübbe gar nicht nötig, weil es bei ihm ja zutrifft, daß er ganz besonders vorstellungsunbedürftig ist. Ich will Ihnen daher eine andere Variante einer Vorstellung vortragen. Von Arturo Toscanini, einem der – vielleicht dem – bedeutendsten Dirigenten mindestens unseres Jahrhunderts, wird folgende Geschichte kolportiert. Als er einmal in Mailand über den Platz vor der Scala lief, begegnete er einem Drehorgelmann, der mit absolut fürchterlichen Tempi und quietschend den Trimphmarsch aus der Aida spielte. Toscanini konnte das natürlich nicht mitanhören, eilte zu ihm hin und erklärte ihm: „Das müssen Sie langsam spielen, und hier bitte fortissimo, und hier müssen Sie etwas nachgeben, und hier müssen Sie das Tempo etwas beschleunigen!" Am nächsten Tag ging Toscanini wieder über diesen Platz, und dieser Drehorgelmann spielt wieder miserabel und steinerweichend denselben Marsch. Aber um ihn herum hatte sich eine große Menschenmenge versammelt. Bei näherem Hinzutreten stellte Toscanini fest, daß hinter dem Orgelspieler ein Schild an der Mauer hing, auf dem geschrieben stand: „Schüler von Arturo Toscanini".

Meine Damen und Herren, ich bin ebensowenig Schüler von Hermann Lübbe wie der Leierkastenmann Schüler von Toscanini war. Aber ich wiederhole etwas, was ich bereits, als ich Hans-Georg Gadamer vorzustellen die Ehre hatte, gesagt habe: Er gehört zu den wenigen Menschen, von denen ich viel gelernt habe, ohne ihr Schüler gewesen zu sein. Außerdem glaube ich, daß es eine Lehrer-Schüler-Beziehung gibt, die sich darin äußert, daß man gedanklich etwas lernt, ohne daß man die Seminarstühle gedrückt haben muß, die in den entsprechenden Veranstaltungsräumen standen. Ich darf Ihnen Hermann Lübbe also sozusagen als einen meiner Lehrer vorstellen, und ich freue mich, außerdem – postmodern zitateschachtelnd – hinzufügen zu dürfen, was ich in meinem Beitrag zur Festschrift von Hermann Lübbe, meinerseits John R. Searle zitierend, der Wittgenstein zitiert, gesagt habe: daß ein Philosoph, der sich nie an die

Öffentlichkeit gewagt hat, vergleichbar sei einem Boxer, der immer nur trainiere, aber nie in den Ring steige. Meine Damen und Herren, ich habe damals geschrieben, wenn dies eine Bestimmung des Philosophen sei, dann sei Hermann Lübbe auch in dieser Hinsicht ein echter Philosoph: Er hat sich nie gescheut, in den Ring zu steigen; und in diesem (wenn auch unphilosophischen) Jargon möchte ich denn auch sagen: **Ring frei für Hermann Lübbe!**

[1]) G. W. F. Hegel, „Ankündigung des kritischen Journals" (1801), in: ders., **Werke,** Bd. 2, Frankfurt a. M. 1970, 169.

[2]) H. Lübbe, **Der Lebenssinn der Industriegesellschaft,** Berlin/ Heidelberg/New York 1990, 61 ff.

Hermann Lübbe:

Fortschritt und Terror. Rückblick auf das Zeitalter der Revolutionen

Die Aufklärung ist uns historisch als ein Zeitalter mannigfacher Reformen vertraut – rechtspolitisch und pädagogisch, agrarökonomisch und wissenschaftsorganisatorisch. Die Reform unseres Verhältnisses zum Tod scheint sich zu den übrigen Reformaktivitäten des Aufklärungszeitalters eher marginal zu verhalten. Für die Friedhofsreform trifft das gewiß zu. Nichtsdestoweniger handelt es sich auch hierbei um einen signifikanten Vorgang, und es lohnt sich, das neue kulturelle Verhältnis zum Tod, das in der Friedhofsreform Gestalt gewann, sich mit einigen knappen Schilderungen zu vergegenwärtigen. Die Friedhofskulturgeschichte ist ja inzwischen gut erforscht. Philippe Ariès' „Geschichte des Todes" ist auch bei uns populär geworden. Richard A. Etlin hat das mit seiner „Architecture of Death" in kunsthistorischer Hinsicht ergänzt, und die deutsche Version des Reform-Friedhofs im Kontext des „Projekts der Moderne" mag man sich am vertrauten Beispiel unserer Waldfriedhöfe vergegenwärtigen, in deren Naturästhetik romantischer Herkunft der Rigorismus aufgeklärten Reformwillens aufgehoben zu sein scheint.

Erste Absicht aufgeklärter Friedhofsreform war, unser Verhältnis zum Tod Erfordernissen der Hygiene zu unterwerfen. Wir sind heute geneigt, das kulturkritisch zu kommentieren. Aber solche kulturkritische Empfindlichkeit gegen einen Fortschritt, der auch noch unser Verhältnis zu den Toten gesundheits- und seuchenpolizeilichen Vorschriften unterwarf, kann man sich einzig in einer Kultur leisten, in der die Segnungen dieses Fortschritts einigermaßen selbstverständlich geworden sind. Demgegenüber möge man sich erinnern: Längst vor der Aufklärung waren die engen, von Mauern umschlossenen Altstadtquartiere dem Druck einer zunehmenden Bevölkerung nicht mehr gewachsen, den wirtschaftlichen und verkehrstechnischen Erfordernissen der Frühindustrialisierung ebensowenig, und auch die nichterweiterungsfähigen Altstadtkirchhöfe vermochten schließlich die komplementär zur Bevölkerungszunahme wachsende Zahl der Toten nicht mehr aufzunehmen. Eben daraus resultierten aufdringliche Hygieneprobleme. Wenn sich der Querschnitt eines Durchlaufsystems nicht erweitern läßt, erhöht sich zwangsläufig die Durchlaufgeschwindigkeit. Die Belegungszeiten der Grabstätten, für deren Dauer die Toten sozusagen ihre Ruhe hatten, schrumpften schließlich auf zehn, ja auf fünf Jahre. Aus Gräbern wurden Stapelgräber. Die Verwesungskapazität der Erde, der die aus ihr gemachten Leiber zurückzuerstatten waren, erwies sich als hoffnungslos überfordert. Der gute Geschmack verbietet es, die penetranten Effekte zu schildern, die das haben mußte. Wer interessiert ist, sich das des Näheren zu vergegenwärtigen, sei auf die beiläufig erwähnte Literatur verwiesen. Kurz: Allein schon die Forderungen der Hygiene, die im Zeitalter der Aufklärung auch aus anderen Gründen Aktualität gewannen, erzwangen die Friedhofsreform. Wie sie, in der Quintessenz, aussah, ist bekannt: Neue, zusätzliche Begräbnisplätze wurden angelegt, nämlich dort, wo freie Flächen sich fanden, vorzugsweise also vor den Toren der Stadt. Wir haben uns an die Plausibilität dieses auch städtebaulich revolutionären Vorgangs längst gewöhnt. Sie hat nichtsdestoweniger den Charakter einer Erinnerungskulturrevolution. Der alte Kirchhof lag doch, wie die Kirche selbst, inmitten der Stadt. Somit blieben, räumlich nämlich, die Toten den Lebenden nahe, und das an bevorzugter Stelle. Indem die aufgeklärte Bestattungsreform den Begräbnisplatz vom Kirchhof auf den Friedhof verlagerte, separierte sie die Toten von den Lebenden, räumlich zumindest. Wir sind heute geneigt, auch diesen Bestand kulturkritisch zu kommentieren. Die populäre Kategorie der Verdrängung bietet sich an –: es wird nicht mehr zu Haus, vielmehr separiert in der Klinik gestorben, und auch die Bestattung erfolgt in separierten Totenstädten, in die man nur gelangt, indem man sich eigens aufmacht, sie zu besuchen. Die Endstationen des Lebens sind, nahverkehrstechnisch gesehen, entlegene Endstationen von Straßenbahn- oder Omnibuslinien.

Aber auch in diesem Falle beruht die Kulturkritik auf Mißverständnissen. In Wahrheit hat nämlich die aufgeklärte Reform des Bestattungswesens, die den alten Kirchhof als Begräbnisplatz aufhob und große Friedhöfe im Freien einrichtete, die Kultur des Totengedächtnisses nicht in Bedrängnis gebracht. Sie hat sie vielmehr in historisch beispielloser Weise erblühen lassen. Die Auflassung der Kirchhöfe zugunsten von Friedhöfen hat kulturell das Totengedächtnis nicht abgeschoben. Es hat ganz im Gegenteil das Verhältnis zu den Toten modernisiert, näherhin individualisiert und schließlich sogar historisiert. Exemplarisch heißt das: Erst auf den Reformfriedhöfen wurde es denkbar und realisierbar, nicht nur wenigen Privilegierten, vielmehr jedermann einen Anspruch auf Fortleben im Gedächtnis der Nachwelt zu verstatten, nämlich in Gestalt eines Grabdenkmals, auf welchem der eigene Name in Stein gehauen präsent bleibt.

Man erkennt: Zu den guten Gründen, die wir haben, in den allgemeinen Lobpreis des Zeitalters der Aufklärung einzustimmen, gehört auch die Reform unseres Umgangs mit den Toten. Übertreibungen gab es natürlich auch. Es ist übertrieben, den Forderungen der Hygiene und der Säuberung bis hin zum Wunsche nachzugeben, Verwesung solle überhaupt nicht mehr stattfinden, vielmehr Verwandlung der Toten in einen sterilen Erdenrest in den reinigenden Flammen der Feuerbestattung. Immerhin hat auch dieses aufgeklärte Gedankengut sich im kulturellen Pluralismus der modernen Gesellschaft bis heute zu halten vermocht, ja es breitet sich sogar wieder aus, während andere Vorstellungen, wie sich Tod und Reinigung miteinander verknüpfen ließen, erwiesener Unpraktikabilität wegen singulär blieben – so die Verfügung eines aufgeklärten deutschen Fürsten zur Annihilation seines Leichnams in einem Säurebad. – So oder so: Der Impuls der Aufklärung war, auch unser Verhältnis zum Tod fortschrittlich zu machen – hygienisch und ästhetisch, moralisch und erinnerungskulturell.

Was hätte das mit Terror zu tun? Ich möchte nicht insinuieren, das aufgeklärte Verhältnis zum Tod, dessen besonders schöne Seite die Friedhofsreform ist, enthalte eine Prädisposition zum Terror. Das wäre Nonsens. Terror und Humanisierung des kulturellen Verhältnisses zum Tod gehören beide dem Zeitalter der Aufklärung an. Aber es ist nicht erkennbar, wieso ihrer historischen Gleichzeitigkeit ein Sachzusammenhang zugrunde liegen sollte. Der Übergang von jener Reform, die auch noch unser

Verhältnis zum Tod Zwecken der Beförderung der Humanität unterworfen hat, zum Terror hat kontingenten Charakter. Der Terror ist ja banalerweise kein Beitrag zur Humanisierung des Todes. Er ist vielmehr eine Praxis, den Tod massenhaft zu bereiten. Nichtsdestoweniger bleibt auch noch dieser Tod, den zu geben die terroristische Aufklärung aus Gründen, von denen noch die Rede sein muß, für unvermeidlich hielt, Zwecken der Humanität unterworfen.

Sogar die Technik terroristischer Liquidationen läßt das erkennen. Immerhin ist die Guillotine als ein Instrument zur Beförderung der Humanität konzipiert worden. Es sollte kurz und schmerzlos abgehen, und dieser Zweck wurde erreicht. Auch in diesem Falle erwies sich, daß eine aus dem Geist moderner Technik konzipierte Maschine weitaus präziser und zuverlässiger als ein handwerkendes Individuum zu arbeiten vermag. Das ist ein Gesichtspunkt, der auch ganz unabhängig vom Terror, nämlich im Kontext konventioneller Strafgerichtsbarkeit des Aufklärungszeitalters einleuchten mußte. Die Aufklärung hat bekanntlich auch das Recht und die Praxis der Todesstrafe reformiert. Bis ins Renaissancezeitalter sogar reicht die Kritik an der Praxis zurück, selbst kleine Alltagskriminalität unter Todesstrafendrohung zu setzen. Von Thomas Morus zum Beispiel stammt das Argument, die Todesstrafe wirke, statt abschreckend, zusätzlich kriminalitätsfördernd, indem der kleine Dieb, der als Ertappter hängen müßte, keinerlei zusätzliches Risiko eingeht, wenn er seinem Diebstahl nun auch noch eine schwerkriminelle Straftatverdeckungstat folgen läßt. Solche Argumente legten Strafrechtsreformen nahe, und auch das wird im Zeitalter der Aufklärung rechtspolitisch wirksam. Gleichwohl bleibt damals der Gedanke, daß die Todesstrafe schließlich überhaupt abgeschafft werden könne, marginal, und kein Geringerer als Kant hat bekanntlich in einer Erwägung von leicht zopfiger Anmutungsqualität gefunden, ein bürgerliches Gemeinwesen habe, wenn es sich auflösen möchte, vor dem förmlichen Vollzug dieser Auflösung auch noch den letzten zum Tode Verurteilten rechtens hinzurichten. Humanitäre Reformen konnten insoweit nur die Hinrichtungsart betreffen, und die Guillotine diente dem in einleuchtender Weise instrumentell, und das ist strafrechtsgeschichtlich wirksam geworden und hier und da bis heute geblieben. Gewiß: In hygienischer Hinsicht blieb der Vorgang noch mit einigen Mißlichkeiten verbunden, die zu schildern die Diskretion verbietet, und man erkennt, daß es, zum Beispiel, der Sinn der später erfundenen Exekution durch eine definitiv einschläferndes Wohlbehagen bereitende Spritze ist, insoweit den einschlägigen Fortschritt zu bieten. Die Guillotine ist also nach ihrem Ursprungssinn kein Terrorinstrument, vielmehr ein Instrument zur Gewährleistung humanitärer Zwecke von Todes wegen. Aber der Terror hat dieses Instrument dann bekanntlich genutzt, und zwar durchaus in der guten Nebenmeinung, im Tun des leider Unvermeidlichen die denkbar humanste Form der Vollstreckung zu wählen. Aber was ist es denn, was den Terror im Bewußtsein seiner Vollstrecker unvermeidlich machte? Allein schon die erläuterte Tatsache, daß der Terror, wo immer es anging, noch als sein Instrument eine in humanitärer Absicht konstruierte Maschine nutzte, legt den Gedanken nahe, daß auch der Terror als solcher humanitären Zwecken zu dienen hatte. Zur vorläufigen metaphorischen Charakteristik dieser Zwecke eignet sich ein Wort, das uns bereits aus der Erinnerung an die Zwecke der aufgeklärten Friedhofsreform vertraut ist, nämlich die „Hygiene“. Die Guillotine steht, metonymisch, für das Insgesamt der organisatorischen und technischen Mittel, auf die der Terror, um Masseneffekte erzielen zu können, zurückgreifen mußte. Die Hygiene hingegen taugt als Zentralmetapher zur Charakteristik der außerordentlichen Legitimation, über die stets verfügen muß, wer zum Terror fähig sein will. Im Terror wird aus der uns aus der aufgeklärten Bestattungsreform bereits vertrauten Reinigung der Gesellschaft vom Tod eine Reinigung der Gesellschaft durch den Tod, und die Mechanisierung der Todesbereitung macht terroristische Gesellschaftsreinigung technisch möglich. Das Prinzip der Reinigung oder auch der Säuberung ist das spezifisch moderne, dem Geist der Aufklärung sich verdankende Legitimationsprinzip moderner Massentötungen. Analog zur Hygiene-Metaphorik bietet sich selbstverständlich auch die gleichfalls dem Kontext der Medizin entstammende Chirurgie-Metaphorik an. „Aus Mitleid, aus Liebe zur Menschlichkeit seid unmenschlich; so läßt auch der geschickte und hilfreiche Chirurg unter seinem grausamen und wohltätigen Messer das zerfressene Glied fallen, um den Körper des Kranken zu retten“ – so heißt es in einer „Petition an den Nationalkonvent im Jahre II der einen und

unteilbaren Französischen Republik“ in der Absicht zu begründen, wieso den unterworfenen Konterrevolutionären der Rebellenstadt Lyon Gnade nicht gewährt werden dürfe.
Wer heute in Deutschland Terror, wie angemessen, als eine spezielle Sorte politischer Aufklärungspraxis kennzeichnet, muß befürchten, eines unangemessenen Verhältnisses zur Aufklärung, ja gegenaufklärerischer Gesinnung bezichtigt zu werden. Deswegen ist es wohl angemessen, einen Einschub zu machen, der auf die zustimmungsfähigen, ja zustimmungspflichtigen Gehalte der politischen Aufklärung einschließlich ihrer Revolutionen verweist. Der Aufklärung entstammen Konzepte liberaler wie totalitärer Demokratie, und auf die freiheitliche Seite der Sache muß man den bekannten Lobpreis der Französischen Revolution von Kant bis Hegel beziehen. „Die Revolution eines geistreichen Volkes, die wir in unseren Tagen haben vor sich gehen sehen, mag gelingen oder scheitern, . . . diese Revolution, sage ich, findet doch in den Gemütern aller Zuschauer (die nicht selbst in diesem Spiel mitverwickelt sind) eine Teilnehmung dem Wunsche nach, die nahe an Enthusiasmus grenzt“, schrieb Kant, und ganz analog hat noch Jahrzehnte später im biedermeierlichen Berlin Hegel an diesen Revolutionsenthusiasmus historisch erinnert: „. . . ein herrlicher Sonnenaufgang“ habe stattgefunden. „Alle denkenden Wesen haben diese Epoche mitgefeiert. Eine erhabene Rührung hat in jener Zeit geherrscht, ein Enthusiasmus des Geistes hat die Welt durchschauert, als sey es zur wirklichen Versöhnung des Göttlichen mit der Welt nun erst gekommen“. Noch in den späten fünfziger Jahren des 19. Jahrhunderts, als die liberal verbliebene deutsche Intelligenz die schmerzlichen Erfahrungen der gescheiterten 48er Revolution zu verarbeiten hatte, bekundete der 1819 geborene, an der Philosophie Hegels geschulte Heinrich Bernhard Oppenheim: „Wir sind alle mit einem gewissen idealen Cultus der ersten Französischen Revolution aufgewachsen.“ Die klassische deutsche Philosophie hatte die Textgrundlagen für diesen Cultus geliefert. Die Namen derer, „welche die Sache in Frankreich in die neue Ordnung bringen“, und zwar in jene Ordnung, „die allein würdig ist, sich ewig zu erhalten“, blieben „für den Tempel des Nachruhms aufgespart, um darin dereinst aufgestellt zu werden“. Das ist nicht ein Satz aus dem Tagebuch eines Philosophiestudenten, vielmehr ein Diktum des alten Kant.

Nichtsdestoweniger ist, wie man weiß, Kant ein entschiedener Gegner der Revolution gewesen, Hegel desgleichen und die übergroße Mehrzahl ihrer Schüler mit ihnen. Das ist kein Widerspruch. Auch handelt es sich nicht – entgegen der Marxschen Deutung der Sache – um einen getreuen ideologischen Reflex deutscher Zustände, die von einer, wie man das später nennen sollte, „revolutionären Situation“ weit entfernt waren. Es handelt sich bei der deutschen philosophischen Feier der Französischen Revolution vielmehr um eine Akklamation ihrer Prinzipien in Verbindung mit einer Kritik der Revolution selbst als freiheits- und rechtsvernichtender politischer Praxis. Als praktische Resultante dieses doppelten Verhältnisses zur Französischen Revolution in Zustimmung und Widerspruch ergibt sich Reformpolitik.

In der Tat läßt sich die politische Philosophie der deutschen Klassik als Philosophie solcher Reformpolitik lesen. So stellt, zum Beispiel, Kants Spätschrift über den Streit der Fakultäten, der die zitierten Kantischen Worte („ . . . ein solches Ereignis vergißt sich nicht mehr“) entstammen, einen Vorschlag zur Institutionalisierung von Aufklärungsprozessen dar. Solche Institutionalisierung fordert freie Forschung in der unteren, in der philosophischen Fakultät und uneingeschränktes Recht zur Publikation der Ergebnisse solcher Forschung in den oberen, nämlich theologischen, juristischen und medizinischen Fakultäten – in der Gewißheit, daß so die Wahrheit, nicht zuletzt in der irresistiblen Evidenz ihrer Nützlichkeit, die politische Reform jener Gesetze, Kirchenlehren oder auch Medizinalordnungen erzwingen werde, auf die der Unterricht in den oberen Fakultäten verpflichtet ist. Das wirkte in Humboldts preußischer Universitätsreform fort, für die von Fichte über Steffens bis zu Schleiermacher prominente Philosophen als Denkschriftenverfasser tätig waren. Auch das berühmteste Werk politischer Philosophie aus der Epoche des deutschen Idealismus, Hegels Rechtsphilosophie, war ja in seiner damals aktuellen Bedeutung nichts anderes als ein professoraler Beitrag zum schließlich gescheiterten preußischen Verfassungsgebungsversuch um die Wende vom zweiten zum dritten Jahrzehnt des 19. Jahrhunderts.

Reform: das also ist der Name politischer Fortschrittspraxis, die die Einforderung der Bürger- und Menschenrechte mit der Kritik jener revolutionären Praxis verbindet, die sich als Terror dargestellt hatte. Noch Schiller hatte die Greuel der Revolution als eine Erscheinungsform der Pöbelherrschaft zu erklären versucht. „In den niederen und zahlreicheren Klassen“, schrieb Schiller, „stellen sich uns rohe gesetzlose Triebe dar, die sich nach aufgelöstem Band der bürgerlichen Ordnung entfesseln, und mit unlenksamer Wut zu ihrer tierischen Befriedigung eilen“. „Die losgebundene Gesellschaft“, fand Schiller, „anstatt aufwärts in das organische Leben zu eilen, fällt in das Elementarreich zurück“. „Die **moralische** Möglichkeit fehlt“, so lautete Schillers Fazit. „Der freigebige Augenblick“ finde „ein unempfängliches Geschlecht“, und Schillers politisch-pädagogische Ästhetik bezieht sich darauf kompensatorisch in Vorbereitung einer besseren Zukunft.

In Schillers Wahrnehmung sind somit die Schrecken der Revolution Ausdruck defizitärer Moral, und dieses moralische Defizit verhält sich zum moralisch-politischen Sinn der Revolution kontingent. Demgegenüber hat später Hegel den Terror ganz im Gegenteil als eine Erscheinungsform des politischen Moralismus zu sehen gelehrt. Hegels Terroranalysen dürfen als sein fortdauernd bedeutendster Beitrag zur Theorie moderner revolutionärer Praxis gelten. Nicht über einen Rückfall in die Barbarei, vielmehr in einem Akt institutionell emanzipierter moralischer Selbstermächtigung zur Gewalt konstituiert sich der Terror. „Es herrschen nun“, schreibt Hegel zur Charakteristik des politischen Zustands in Frankreich vor dem 9. Thermidor des Jahres II neuer Zeitrechnung, die abstrakten „Prinzipien – der **Freiheit**, und wie sie im subjektiven Willen ist, der – **Tugend**. Diese Tugend hat jetzt zu regieren gegen die Vielen, welche mit ihrer Verdorbenheit und mit ihren alten Interessen ... der Tugend ungetreu sind“. Die „Tugend ist hier ein einfaches Princip und unterscheidet nur solche, die in der Gesinnung sind und solche, die es nicht sind. Die Gesinnung aber kann nur von der Gesinnung erkannt und beurtheilt werden. Es herrscht somit der Verdacht; die Tugend aber, sobald sie verdächtigt wird, ist schon verurtheilt.“ „Von Robbespierre wurde das Prinzip der Tugend als das Höchste aufgestellt, und man kann sagen, es sey diesem Menschen mit der Tugend ernst gewesen. Es herrschen jetzt die **Tugend** und der **Schrecken**; denn die subjektive Tugend, die bloss von der Gesinnung aus regiert, bringt die

fürchterlichste Tyrannei mit sich. Sie übt ihre Macht ohne gerichtliche Formen und ihre Strafe ist ebenso nur einfach – der Tod“.
Der Anblick dieser Schrecken, so hatte bereits Kant gefunden, bewirkt Trauer im moralischen Sinn. Gegenstand dieser Trauer sind nicht einfachhin Übel, die Menschen, indem sie auf Kosten anderer ihren Vorteil suchen, einander bereiten, vielmehr jene Untaten, zu denen die Täter sich in „Verfolgung“ vermeintlich höchster Zwecke legitimiert, ja verpflichtet wissen. Die „Schrecken der Revolution“, so hatte das Hegel in einem der eindrucksvollsten Kapitel seiner Phänomenologie des Geistes charakterisiert, verschaffen Anschauung „der absoluten Freiheit“ in ihrem „negativen Wesen“, „welches allen Unterschied und alles Bestehen“ eines „Unterschiedes in sich vertilgt“ hat.
Was soll das heißen? Es ist kein Anachronismus, vielmehr eine Sache theoriegeschichtlicher Konsequenz, sich die Antwort auf diese Frage vom jungen Karl Marx geben zu lassen. Die Französische Revolution hatte bürgerliche Freiheiten zur Geltung gebracht, und die Deutschen, so Marx, hatten das, freilich auf höchstem spekulativen Niveau, leider bloß nachgedacht. Indessen: Was revolutionär in die Wirklichkeit umzusetzen die Deutschen insoweit historisch bislang schuldig geblieben sind – das waren nun eben nicht Gehalte letzter, vielmehr, nach Marx, historisch vorletzter politischer Emanzipation. Die proletarische Revolution wird die bürgerliche Revolution zu überbieten haben, und die Vertilgung „allen Unterschieds“, von der Hegel in seiner Analyse der Jakobiner-Herrschaft gesprochen hatte, wird dann folgendermaßen aussehen: An die Stelle der „Freiheit des Eigentums“ wird die Befreiung „vom Eigentum“ treten, an die Stelle der „Gewerbefreiheit“ die Befreiung vom „Egoismus des Gewerbes“, die „Religionsfreiheit“ wird durch die Befreiung „von der Religion“ überboten sein und damit auch die „Judenemanzipation“ durch die „Emanzipation der Menschheit vom **Judentum**“.
Banalerweise handelt es sich bei dieser zuletzt zitierten politischen Verheißung des Juden Karl Marx nicht um einen rassistischen Antisemitismus, der sich theoretisch und praktisch in Deutschland erst sehr viel später formieren sollte. Es handelt sich vielmehr um ein Programm zur Überbietung der von Marx so genannten „politischen Emanzipation“ bürgerlich-liberaler

Prägung durch die „menschliche Emanzipation". Das ist das Konzept einer Revolution, deren Träger zu sein, wie Karl Marx fand, gerade die Deutschen, nachdem sie in ihrer bisherigen Geschichte eine Revolution nicht zustande gebracht hatten, für ihre politische Zukunft die Verheißung haben. Die Deutschen als Subjekt einer die bürgerliche Revolution emanzipatorisch noch überbietenden, endgültigen Revolution – das ist die Vision. „Das gründliche Deutschland kann nicht revolutionieren, ohne von Grund aus zu revolutionieren. Die **Emanzipation des Deutschen** ist die **Emanzipation des Menschen**. Der **Kopf dieser Emanzipation** ist die **Philosophie**, ihr **Herz** das **Proletariat**". Die Französische Revolution sei nur eine vorletzte Stufe in der menschlichen Freiheitsgeschichte gewesen. „In Deutschland" hingegen, werde „die Unmöglichkeit der stufenweisen Befreiung die ganze Freiheit gebären". Dazu bedarf es einer Philosophie, in der Deutschland „mit der **offiziellen** modernen Gegenwart" nicht lediglich **„al pari"** steht, in der es vielmehr die reale Vollendung der Geschichte vorwegnimmt.
Just diese Philosophie ist, in Überbietung der Revolutionsphilosophie des Deutschen Idealismus, die Marxsche Geschichtstheorie. „Wie die Philosophie im Proletariat ihre **materiellen**", so werde „das Proletariat in der Philosophie seine **geistigen** Waffen" finden, und sobald der Blitz des Gedankens gründlich „in den deutschen naiven Volksboden eingeschlagen" sein werde, vollziehe sich dann „die Emanzipation der **Deutschen** zu **Menschen**".
Spontan dürften solche Sätze heute kaum noch verständlich sein. Immerhin spürt man, daß sie den philosophischen Revolutionsenthusiasmus deutsch-idealistischer Prägung, für die es von Kant bis Hegel die exemplarisch zitierten eindrucksvollen Belege gibt, bei weitem überbieten. „Der dialektische und historische Materialismus ist in erster Linie Philosophie der revolutionären sozialistischen Umgestaltung der Welt" – so lautet das noch heute ebenso trocken wie unüberbietbar anspruchsvoll im orthodox-marxistischen Philosophischen Wörterbuch aus dem Geist einer regierenden Einheitspartei. In deren Selbstverständnis hat sich somit, in gewisser Weise, die Marxsche Gewißheit, daß die Letzten, nämlich die Deutschen, revolutionsgeschichtlich schließlich die Ersten sein würden, erfüllt – wiederum auf der Ebene der orthodox gewordenen Theorie freilich. Ist doch

inzwischen weltweit bei allen, die ans Geschichtskonzept fälliger Überbietung der bürgerlichen Revolution, für die die französische das unüberbietbare Muster ist, durch die proletarische Revolution glauben, Marx bis heute der erste in der Bildnisreihe jener Klassiker geblieben, die als Propheten dieses Glaubens im Herrschaftsbereich des real existierenden Sozialismus zu kanonischer Geltung gelangt sind.
Zusammenfassend gesagt heißt das: Bei Marx vollzieht sich die Verwandlung der Revolutionstheorie in eine politische Ideologie totalitären Typus. „Sie ist kein anatomisches Messer, sie ist eine Waffe. Ihr Gegenstand ist ihr **Feind**, den sie nicht widerlegen, sondern **vernichten** will“.
Heinrich Heine hat, noch bevor Marx die zitierten Sätze niederschrieb, dergleichen als Konsequenz deutscher denkerischer Gründlichkeit befürchtet. Entsprechend hielt er auch von jenem deutschen Autostereotyp nichts, demzufolge die Deutschen immer nur denken, was die Franzosen tun, und entsprechend war es die zentrale Absicht seiner Geschichte der Religion und Philosophie in Deutschland, die Franzosen, die in romantischer Germanophilie geneigt waren, die deutsche Philosophie für eine Sache weltfernen spekulativen Tiefsinns zu halten, über die politischen Potenzen dieses Tiefsinns aufzuklären. „Es werden bewaffnete Fichteaner“, schrieb Heine, „auf den Schauplatz treten, die in ihrem Willensfanatismus weder durch Furcht noch durch Eigennutz zu bändigen sind; denn sie leben im Geist, sie trotzen der Materie“. Untangierbar sei der „Transzendental-Idealist“ „in der Verschanzung des eigenen Gedankens“. Daraus werde er mit revolutionärer Kraft eines Tages „hervorbrechen und die Welt mit Entsetzen und Bewunderung erfüllen“.
Diese berühmte Passage aus Heines Schrift zur Aufklärung der Franzosen über den vermeintlich politikfernen Charakter deutscher Philosophie ist hier nicht in der Absicht zitiert worden, zu insinuieren, spätere Ereignisse der deutschen Geschichte ließen sich in diesem von Heine prognostizierten „Hervorbrechen“ deutscher Idealisten aus ihrer Gedankenschanze vorangedeutet finden. Der Sinn des Zitats ist, auf die deskriptive Genauigkeit aufmerksam zu machen, mit der Heine, als Revolutions- und Terrortheoretiker, die revolutionäre Subjektivität gekennzeichnet hat. „Weder durch Furcht noch durch Eigennutz zu bändigen“ – das ist eine unüberbietbar genaue

Charakteristik dessen, was in der Sprache der späteren deutschen Jugendbewegung „Idealismus" hieß und was politisch als Fanatismus in Erscheinung tritt, wenn die Zwecke, von denen man sich weder „durch Furcht noch durch Eigennutz" ablenken lassen will, nicht mehr lediglich Zwecke sind, die der Approbation durch den moralischen Common sense fähig wären, vielmehr Zwecke, die man als Menschheitszwecke weiß und von denen man zugleich zu wissen glaubt, wieso jenseits des Kreises der eigenen philosophischen Erleuchtung die Menschen diese Zwecke als ihre eigenen noch gar nicht erkannt haben. Das ist der Kontext, innerhalb dessen die zitierte Idee, die „Emanzipation der Deutschen" werde zur „Emanzipation des Menschen" werden, überhaupt erst konzipierbar wurde. Die Kühnheit dieser Idee mag man, als letztinstanzliche deutsche philosophische Antwort auf die Herausforderungen der Französischen Revolution, bewundern, aber nicht ohne jenes komplementäre Erschrecken, das Heine gegenüber dem absoluten Idealismus bekundete.

Als Metaphysik hat dieser „absolute Idealismus" näherhin die Gestalt einer Geschichtsphilosophie. Solche Geschichtsphilosophie ist in allen Fällen als letztinstanzliche Legitimationsbasis totalitärer Demokratie auszumachen. Die in politische Ideologie transformierte Geschichtsphilosophie stattet nämlich ihre Subjekte mit einer unüberbietbaren Legitimität aus. Sie vermittelt Einsicht in den epochalen Geschichtsverlauf, und sie vermittelt ihren Subjekten mit dieser Einsicht zugleich die Zusatzeinsicht, wieso sie, kraft ihrer Position im Geschichtsverlauf, die bislang Ersten und Einzigen sind, die der Einsicht in eben diesen Geschichtsverlauf überhaupt fähig sind. Daraus ergibt sich die Selbstzuschreibung der Rolle, als Partei bereits gegenwärtig die Zukunftsmenschheit in Vorhutgestalt zu repräsentieren. Wer aber bereits heute weiß, in welcher zukünftigen Gesellschaftsverfassung die Menschheit zu sich selbst kommen wird, hat auch das Recht, ja die Pflicht, die entsprechenden aktuellen Fälligkeiten politisch verbindlich zu machen.

Die Konsequenzen einer solchen geschichtsmetaphysisch-ideologischen Orientierung der Politik an einem als grundsätzlich begriffen unterstellten Geschichtslauf sind erheblich. Denn nun erst wird die Politik im spezifisch modernen Sinne terrorfähig, nämlich durch die politischen Diskriminierungsfolgen der geschichtsmetaphysisch hergestellten Deckungsgleichheit von Alt und Neu einerseits und Schlecht und Gut andererseits. Zur Ironie der Sache gehört, daß eine so geschichtsmetaphysisch orientierte Politik, wo immer sie zur herrschenden Politik geworden ist, zwangsläufig in Ultrakonservativismus und Dogmatismus umschlägt. Nichts ist ja konservierungsbedürftiger als jene Doktrin, die einen als in weltgeschichtlich privilegierter temporaler Position befindlich zu sein bestätigt.

Exemplarisch spiegeln sich die skizzierten geschichtsmetaphysischen Voraussetzungen totalitärer Demokratie in einem markanten Satz, der in der Ausgabe vom 18. August 1919 des Tscheka-Organs „Rotes Schwert" zu lesen war. Der Satz lautet: „Uns ist alles erlaubt". Die Frage ist: Unter welchen Orientierungsvoraussetzungen weiß man sich zu einem solchen Satz legitimiert? Die Antwort ist derselben Nummer des Organs der Organisation zur Zerschmetterung der Konterrevolution zu entnehmen. Sie lautet: „Unsere Humanität ist absolut . . . Wir sind die Ersten in der Welt, die das Schwert nicht zu Zwecken der Versklavung und Unterdrückung ziehen, sondern im Namen der Freiheit".

Die Selbstermächtigungsformel „Uns ist alles erlaubt" ist also nach Ausweis ihrer sie legitimierenden geschichtsmetaphysischen Gründe keine zynische, vielmehr eine moralische Formel, und die Gewalt, die von ihr freigesetzt wird, folgt nicht aus moralischer Dekomposition. Sie folgt vielmehr aus einem Akt metaphysischer Geschichtssinnergreifung.

Karl Popper hat die vermeintliche Einsicht in die Gesetzmäßigkeit historischer Abläufe „historizistisch" genannt, und er hat sein Buch „Das Elend des Historizismus" den Opfern des Irrglaubens an die Existenz von Geschichtsgesetzen gewidmet. In zurückgenommener, nämlich wissenschaftstheoretischer Weise ausgedrückt, besagt dieser Irrtum, daß die unverkennbare Gerichtetheit der zivilisatorischen Evolution eben keine Zielgerichtetheit ist, daß die beschleunigenden, ordnungsstiftenden oder auch ordnungsauflösenden Handlungen innerhalb dieses Prozesses sich keineswegs nach Analogie eines Plans aneinander fügen, daß sie vielmehr mit dem Ablauf der Zeit einander mit Interferenzeffekten zu überlagern beginnen, daß sie also im Verhältnis zueinander Ereignischarakter gewinnen – mit der Wirkung, daß die Evolution als solche, unbeschadet ihrer Gerichtetrichtetheit, gerade nicht prognostizierbar ist. Einfacher gesagt: Die Zukunft der zivilisatorischen Evolution ist offen, und eine Politik, die sich statt dessen an einer Ideologie orientiert, die die Zukunft als eine durch gesetzmäßige Epochenabfolge besetzte Zukunft behandelt, verwandelt daher zwangsläufig auch die Gesellschaft von einer offenen in eine geschlossene Gesellschaft.

Karl Popper übrigens hatte, selbstverständlich, in seine Kritik des Historizismus über die Geschichtsideologie des marxistisch-leninistischen Internationalsozialismus auch die naturalisierte Geschichtsphilosophie der nationalsozialistischen Rassenideologie einbezogen. Es ist banal zu sagen, daß diese Rassenideologie nach ihrem intellektuellen Standard mit der Klassenideologie des Marxismus-Leninismus keinerlei Vergleich aushält. Nichtsdestoweniger erfüllt auch der Versuch, sich den Geschichtslauf statt als einen Ablauf von Klassenkämpfen als einen Ablauf von Rassenkämpfen zurechtzulegen, die von Popper analysierte historizistische Denkfigur präzis. Man muß nämlich der Vorzugsrasse, über die uns die fragliche Rassenideologie belehrt, selber angehören, um der Einsicht in die prätendierte Wahrheit dieser Rassenideologie überhaupt fähig zu sein. Die naturalisierte Geschichtsphilosophie definiert somit auch hier diejenige Position im Ablauf der Geschichte, in der konkret sich zu befinden die reale Bedingung der Möglichkeit der Einsicht in den Lauf der Geschichte ist – auch hier mit der praktisch-politischen Wirkung, sich selber als privilegiertes Geschichtssubjekt zu erkennen und somit zu ergreifen und alle Widersprechenden kraft ihres Widerspruchs als jene Feinde zu erkennen und anzunehmen, die es nicht zu widerlegen, vielmehr zu vernichten gilt.

Um es abschließend zu wiederholen: Die Reinigung der Gesellschaft von denjenigen, die sie – so Hegel – mit ihrer moralischen Verkommenheit infizieren – das ist, unter ausdrücklicher Inanspruchnahme medizinischer Metaphorik, seit der Aufklärung stets der Zentralsinn revolutionärer Massenliquidationen gewesen. „Säuberung“ ist bis heute der Name jener politischen Praxis geblieben, über die totalitäre Parteien die Reinheit ihres Ursprungsgeistes zu erhalten trachten. Dem entspricht übrigens auch eine Bestattungspraxis, die sich zur eingangs skizzierten aufgeklärten Friedhofsreform genau komplementär verhält.

Das Massengrab ist das Metonym der totalitären Seite in diesem Komplementaritätsverhältnis. Seine Funktion war stets, nach der Liquidation jener Massen, von denen die Gesellschaft zu säubern war, auch noch die Erinnerung an sie dauerhaft zu liquidieren. Allein schon aus diesem Grund wird es tunlichst unauffindbar gemacht. Zum Verschwinden gebracht werden somit diejenigen, die nicht nur als Lebende, vielmehr auch noch als Tote, nämlich durch Evokation der Erinnerung an sie, Partei, Volk oder Gesellschaft zu beeinträchtigen vermöchten. Noch in der Sorgfalt, mit der der totalitäre Säuberungswille nach der physischen Liquidation überdies die Spuren der Erinnerung an die Liquidierten zu tilgen sucht, spiegelt sich die Bedeutung, die generell das Totengedächtnis im Lebenszusammenhang aufgeklärter Kulturen gewonnen hat. Im Falle Lenins hat der politische Wille zur Erinnerungskonservierung bekanntlich sogar den Leib des Toten ergriffen, und als das Paradox eines unvergänglichen Leichnams ist er im Zentrum des Riesenreichs als Hauptobjekt des politischen Kultus ausgestellt. Indem nun auch im Geltungsbereich dieses Kultus, metaphorisch oder sogar buchstäblich, die Massengräber der Opfer geöffnet werden, dürfte sich, nach der Pragmatik des Sachzusammenhangs, auch der ideologische Hauptrepräsentant der Prinzipien, in deren Namen die Massengräber einst gefüllt worden sind, in seiner privilegierten Mausoleumsexposition nicht lange mehr halten können. Stalin ist ihm, naheliegenderweise, auf den entsprechend fälligen Wegen bereits vorangegangen.

Hermann Lübbe:

Die Avantgarde und das Museum. Über das Veralten des Neuen

Die Menge der stilistischen Innovationen, denen Kunstkritiker und Kunsthistoriker eigene Stilepochennamen zugeordnet haben, ist in einem einzigen Jahrzehnt unseres eigenen Jahrhunderts, nämlich zwischen 1960 und 1970, um das Zehnfache größer gewesen als in fünfzig Jahren des vorigen Jahrhunderts, nämlich zwischen 1850 und 1900. So läßt es sich einem Kalendarium kunstgeschichtlicher Epochenbegriffe entnehmen, das Hans Robert Jauß gefertigt hat.[1]) Die künstlerische Innovationsverdichtung ist ein hartes Faktum moderner Kunstgeschichte. Im Avantgardismus ist dieses Faktum vorausgesetzt, und die Orientierung an Avantgarde-Idealen beschleunigt zugleich den fraglichen Innovationsprozeß. Die Konsequenzen dieses Vorgangs hat freilich der Avantgardismus zunächst übersehen. Die Avantgarde behauptet den Geltungsvorrang des Neuen und sie lenkt die Aufmerksamkeit der von ihr erreichten Öffentlichkeit auf es. Der Triumph des Neuen steigert sich mit der Geschwindigkeit, mit der es sich durchsetzt und so das Alte zum Veralteten macht. „Warum hinter uns schauen?" So lautete die rhetorische Frage Marinettis in seinem ersten futuristischen Manifest von 1909[2]). „Wir leben bereits im Absoluten, da wir bereits die ewige, allgegenwärtige Geschwindigkeit geschaffen haben." „Ein Rennwagen" sei „schöner als die Nike von Samothrake" – ein Satz, der heute noch verblüffender klingen mag als damals, wenn man sich vergegenwärtigt, daß hier ein Rennwagen aus dem ersten Jahrzehnt unseres Jahrhunderts gemeint war. „Die neue Schönheit" sei eine „Schönheit der Geschwindigkeit", und die vom Futurismus überholte Kunst, die durch ihre Musealisierung historisierte Kunst der Tradition und damit der Vormoderne, konnte in der Tat den Anblick dieser modernen Schönheit nicht bieten. Als Konsequenz ergab sich: „Wir wollen Italien befreien von den zahllosen Museen, die es bedecken wie zahllose Friedhöfe". „Wir wollen, daß die Kunst, die Vergangenheit verleugnend, endlich den aktuellen Bedürfnissen entspricht, die uns bewegen."

Indessen: Wer heute bereits von morgen sein will, ist übermorgen selber von gestern. Man kann diesen Effekt auch folgendermaßen ausdrücken: Die avantgardistische Erhöhung der Innovationsrate verkürzt die temporale Extension aktueller Geltung des Neuen. Ich habe diesen Effekt in anderen Zusammenhängen als „Gegenwartsschrumpfung" beschrieben.[3]) Gegenwartsschrumpfung bedeutet, daß temporal die Vergangenheit der Gegenwart immer näher rückt. Das chronologische Alter des Veralteten nimmt unter Avantgardebedingungen ab. Anders ausgedrückt: In einer dynamischen Kultur wird das bereits Veraltete immer jünger.
Hans Tietze hat dieses Phänomen bereits Mitte der zwanziger Jahre hochironisch folgendermaßen beschrieben: „Zwischen Frühlings- und Herbstsalon" öffnen sich „unüberbrückbare Klüfte". „Die Entwicklungsperioden der jungen Genies" werden „nach Monaten registriert".[4]) Die Werke moderner Künstler veralteten, fand er, ehe ihre Farbe trocknet. Sie gelangten somit „ohne Zwischenstadium ins Museum".[5]) Die Avantgarde, die im Futurismus als museumsstürmerische Bewegung angetreten war[6]), beschleunigt damit die Transformation der Kunst zur Museumskunst. Hans Tietze empfand in der damals noch jungen „Tradition der Avantgarde"[7]) die Kennzeichnung „Museumskunst" noch als „Oxymoron".[8]) Aber indem bald darauf, in New York, das erste „Museum of Modern Art" gegründet wurde, erwies sich definitiv, daß nicht der Begriff der Museumskunst ein Selbstwiderspruch ist, vielmehr die avantgardistische Prätention, durch Selbstverpflichtung der Künstler, als Neuerer tätig zu sein, die Gegenwart endlich von der Vergangenheit zu befreien. Die Avantgarde also, statt das Museum als kulturelle Institution zu entmächtigen, bewirkt, daß nunmehr die künstlerische Produktion wie nie zuvor in ihrer Geschichte von der Spekulation auf einen Platz im Museum geleitet wird. Einzig die Aussicht, Eingang ins Museum oder in museumsanaloge Einrichtungen der Kunstexposition zu finden, macht doch charakteristische Eigenschaften avantgardistischer Kunstwerke verständlich. Das fängt beim Äußerlichsten an, bei den räumlichen Dimensionen moderner Kunstwerke nämlich. Nachdem Schlösser, deren Wände mit Riesenwerken auszufüllen waren, nicht mehr gebaut werden, ist es ersichtlich zumeist die Museumssaalwand, deren Dimensionen moderne Künstler ihre

Tafelbilder im Superformat angepaßt machen. Für Environments, die für sich selbst einen ganzen Raum beanspruchen, gilt Analoges ohnehin, und desgleichen für Werke, die in der Empfindlichkeit und Vergänglichkeit ihrer Materialien schon aus Wartungsgründen auf professionalisierte Konservierungsspezialisten angewiesen bleiben, die als Museumsbeamte oder als Mitarbeiter konservatorisch arbeitender Dienstleistungsbetriebe tätig sind.

Von Anfang an hat die avantgardistische Innovationsrevolution die Zahl der Jahre, für die eine Neuerung auf einige Geltungskonstanz ihres Neuerungswertes hoffen durfte, weit unter die Zahl der Lebensjahre hinabgedrückt, für die ein Künstler hoffen darf, produktiv zu bleiben. Das bedeutet: Das Avantgarde-Prinzip verpflichtet den Künstler zu mehrfacher Selbstüberholung in der kurzen Frist seines eigenen Lebens. Daß dem entsprochen werden kann, ist nicht zu bestreiten, und es erübrigt sich, Namen jener Jahrhundertgenies zu nennen, deren individuelle Produktion in ihrer epochalen Abfolge eine kunstgeschichtliche Evolution repräsentiert. Avantgardistische Innovationsdynamik läßt somit Künstler bereits innerhalb ihrer eigenen Lebensfrist historisch und damit zugleich sich selbst historisch werden. Entsprechend nimmt unter Avantgardebedingungen auch die Zahl der Künstler ständig zu, die, statt dauerhaft sich Zwängen innovatorischer Praxis unterworfen zu halten, dauerhaft als Subjekte der großen Innovation von gestern oder vorgestern gegenwärtig bleiben. An anderer Stelle habe ich das folgendermaßen exemplarisch veranschaulicht: „Die Idee, in künstlerischer Absicht prominente Gebäude, ja unwirtliche Felsengestade zu verpacken, war wirklich etwas Neues. Aber inzwischen verpackt Christo immer noch".[9]) Das ist der Vorgang avantgardistischer Selbstverurteilung zur Rolle permanenter Erinnerung an die Neuererrolle, die man gestern oder vorgestern gespielt hat. Daß das Publikum diese Erinnerung schätzt und von altgewordenen Neuerern fortgesetzt Wiederholungen längst überholter Neuerungen verlangt, demonstriert abermals den nur scheinbar paradoxen Effekt beschleunigter Selbsthistorisierung der Kunst durch die avantgardistische Beschleunigung ihres Fortschritts.

Wenn die These vom Komplementaritätscharakter von Avantgardismus und historisierender Musealisierung richtig ist, dann

muß an der These „die Musealisierung entmündigt die Kunst" etwas falsch sein. Das ist jedenfalls dann der Fall, wenn sich mit ihr noch die alte futuristische Meinung verbände, avantgardistisch emanzipiere sich die Kunst vom Museum. Der zitierte Satz hat aber heute lediglich noch die veraltete Anmutungsqualität des futuristischen Museumssturms. Aber er entstammt nicht der ersten Hälfte unseres Jahrhunderts. Es handelt sich vielmehr um die Äußerung eines bekannten zeitgenössischen Kunsthallenchefs und ideologiehistorisch um einen Satz aus dem Kontext jener kulturrevolutionären Bewegtheiten Ende der sechziger Jahre, in denen kurzfristig noch einmal, zumal im akademischen Milieu, die Idee sich wiederbelebte, die kulturelle und politische Evolution gehorche gesamthaft einer Gesetzlichkeit, der die Verpflichtung zu entnehmen sei, die Evolution zu beschleunigen und sich an die Spitze der Bewegung zu setzen, also Avantgarde zu sein.[10])
Statt dessen nimmt der Verpflichtungscharakter der Avantgarde mit ihren Erfolgen ab. Das kann man sich im Ausgang von einem berühmten Diktum Theodor W. Adornos deutlich machen. „Hotelbildmalerei und Moderne. Es geht wirklich nicht mehr anders. Tertium non datur" – so äußerte sich Adorno bei Gelegenheit des Baden-Badener Kunstgesprächs im Jahre 1959.[11]) Der Satz klingt anspruchsvoll und ist kunstpolitisch gewiß gut gemeint. Aber die ihm zugrunde liegende Phänomenologie ist dürftig. Je freier und dynamischer die Avantgarde sich in einer liberalen Kultur entfaltet, um so weniger gelingt es ihr, ohnehin fragwürdige Ansprüche auf Allgemeinverbindlichkeit durchzusetzen, und es kann gar keine Rede davon sein, daß, was sich den Avantgarde-Ansprüchen nicht fügt, sich damit eo ipso auf den Rang von Wandschmuck in Drittklassehotels herunterbrächte. Liebhaberschaften von Dauer sind stets die schönsten, und welchen Grund sollte es geben, bewährte Liebhaberschaften für Hervorbringungen veralteter Avantgarde zugunsten der jeweils neuesten aufzugeben? Je rascher die Avantgardefront vorrückt, um so geringer wird die Wahrscheinlichkeit, daß das Intellektuellen-Kommando „An die Front!" das Publikum der Kunstfreunde gesamthaft zum Aufbruch bewegen könnte. Was die Avantgarde als veraltete Avantgarde hinter sich läßt, nimmt nach Menge und temporaler Dichte mit ihrer Marschgeschwindigkeit zu, und entsprechend nimmt auch

die Menge legitimer Möglichkeiten zu, sich vorzugsweise gefallen zu lassen, was die Avantgarde schon hinter sich hat. Selbst im militärischen Ursprungsbereich der Avantgarde-Metapher ist es doch so, daß die Vorhut, die sich ganz vorn befindet, nur ein kleiner und überdies nicht selten verlorener Haufen ist. Die marschbereite Mehrheit hingegen verharrt in Bereitungsstellungsräumen, und nicht selten verlangen die Informationen, die von der Vorhut zurückgelangen, daß man, statt ihr zu folgen, sich einzuigeln und am erreichten Platz zu behaupten habe.
Aber lassen wir diese militärischen Implikationen der Avantgarde-Metaphorik[12]), die freilich nicht zufällig in den totalitären politischen Bewegungen unseres Jahrhunderts kunstpolitisch in unangenehmer Weise buchstäblich genommen worden ist. In entmilitarisierter Version ist die Herrschaft des Avantgarde-Prinzips identisch mit permanenter Mehrung der Möglichkeiten, in der Schätzung der Kunst nicht up to date zu sein. Und das gilt nicht nur für Rezipienten. Auch die Kunstproduktion folgt, unbeschadet beobachtbarer und beobachteter Bewegungen einer Avantgarde, in modernen, kulturell und politisch liberal verfaßten Gesellschaften keineswegs den Gesetzen einer geschlossen vorrückenden Front, und wiederum ist es nicht eo ipso Hotelmalerei, was zustande kommt, wo man den avantgardistischen Marschbefehlen nicht Folge leistet. Allein schon die Temporalitätsstruktur der kulturellen Distribution avantgardistischer Neuerungen muß es wahrscheinlich machen, daß mit wachsender Dynamik avantgardistischer Innovation die jeweils aktuelle Kunstszene nicht von der Avantgarde, sondern, zumindest in quantitativer Hinsicht, von inzwischen veralteter Avantgarde geprägt wird. Die Adaption von Neuerungen setzt in Produktion wie in Rezeption Mindestfristen voraus. Werden sie unterschritten, so nimmt schon allein aus diesem temporalen Grund die Pluralität kultivierter Vorlieben gleichzeitig in Produktion wie in Rezeption zu, und wer das Neue versäumt hat, fühlt sich keineswegs im Rückstand. Es ist ihm ja unbenommen, sich statt dessen morgen dem Allerneuesten zuzuwenden. So weit es noch abgelegene Kulturräume gibt („Provinz"), ist ohnehin mit Zeitverzögerungen zu rechnen, und abermals wäre es wirklichkeitsfremd zu vermeinen, das künstlerische Anspruchsniveau der sogenannten Provinz befände sich, weil hier die Avantgarde nur erst im Feuilleton, aber noch nicht in

den Ateliers und Galerien präsent ist, auf dem Anspruchsniveau der von Adorno metonymisch so genannten Hotelbildmalerei. Kurz: Adornos Aburteil über moderne Kunst, die nicht Avantgarde-Kunst ist, im Namen der Avantgarde verkennt die Folgen der Avantgarde. Gerade wo es Avantgarde gibt, gibt es nicht nur diese, vielmehr überdies rezente Avantgarde von gestern, vorgestrige Avantgarde auch noch, Provinz-Avantgarde überdies, die mehr ist als gestrige oder vorgestrige Avantgarde, nämlich Avantgarde im Rahmen einer abgespaltenen, verselbständigten regionalen Kulturrevolution. Je machtvoller Hauptströme künstlerischer Evolution sich vorwärtsbewegen, um so größer wird zugleich die Zahl kleiner Seitenströme. Wirbel bilden sich, Stauungen finden statt, tote Arme bleiben liegen, und auch in der Breite des Hauptstroms sind die Geschwindigkeiten der Vorwärtsbewegung höchst unterschiedlich. Zählten, als sie vor zwanzig Jahren erfolgreich wurden, unsere Neo-Naiven zur Avantgarde? Bewegen sich Hyper-Realisten nach rückwärts oder nach vorn? Sind unsere Trompe-l'oeil-Spezialisten technische Perfektionisten oder Stil-Avantgardisten?[13]) Solche Fragen lassen sich nicht beantworten – nicht, weil ihre Beantwortung zu schwierig wäre, sondern deswegen, weil es inzwischen sinnwidrig geworden ist, innerhalb der höchst inhomogenen Entwicklungen moderner Kunst eine Position als temporal ganz vorn und in dieser Charakteristik als Avantgarde auszeichnen zu wollen. Genauer gesagt: In der Konsequenz avantgardistischer Orientierung, die die Innovation normativ auszeichnet, läßt sich schließlich in der Menge der eben dadurch freigesetzten Pluralität avantgardistischer Optionen eine evolutionär als Spitze ausgezeichnete Position gar nicht mehr identifizieren.
Auch hier stoßen wir auf das Mengenproblem. Es ist wie bei Volksläufen: Wenn in Massen vorwärtsgestürmt wird, wächst die Wahrscheinlichkeit, daß für unseren nur in Grenzen für Zeitdifferenzen wahrnehmungsfähigen Blick sehr viele gleichzeitig die Ziellinie erreichen. Technisch realisierte Verfahren, optisch oder elektronisch den Spitzenmann zu identifizieren, haben nur noch für Preisverleihungsriten Bedeutung. Die Publizität des Namens des so ermittelten Ersten kann freilich auf diese Weise zu außerordentlichen Spitzenwerten gelangen, und an der Publizität hängen Marktchancen und sonstige soziale Verwertungsmöglichkeiten. Aber zugleich nimmt doch, wie je-

dermann weiß, mit der Minimalisierung der Abstände zwischen den Angehörigen der Avantgarde im Konkurrenzlauf um die Spitzenposition die Zufälligkeit der Bedingungen ihrer Erreichbarkeit zu. Die Eindeutigkeit in der Korrelation von Publizität und avantgardistischer Qualität löst sich auf. Das legitimiert zur Suche nach Avantgardeleistungen im Aufmerksamkeitsschatten der Öffentlichkeit. Es gibt das sozusagen offizielle Feuilleton mit seinen Kunstrichtern. Aber da ersichtlich auch diese Richter überlastet sind, gewinnt zwangsläufig, komplementär dazu, das Laienkunstrichterurteil fortschreitend an Bedeutung. Durch die Konsequenzen der allgemeinen Orientierung an ihm büßt somit das Avantgarde-Prinzip seine überprüfbare normative Verbindlichkeit ein. Nicht im mindesten gleicht die Avantgarde-Szene dem, was zustande käme, wenn, wer vorne ist, „Mir nach!" riefe und in der evidenten Verbindlichkeit eines solchen Rufes alle ihm folgten. Solche Evidenz hätte doch zwei Voraussetzungen: Eindeutigkeit und eine gewisse temporale Dauerhaftigkeit der avantgardistischen Spitzenposition dessen, der zur Nachfolge aufruft. Eben diese beiden Voraussetzungen werden aber in einer liberalen Kultur um so unwahrscheinlicher, je ungehemmter sie sich avantgardistisch bewegt. Nach vorn drängen viele, und je mehr es erfolgreich tun, um so größer wird die Wahrscheinlichkeit, daß der Ruf „Mir nach!" vielstimmig ertönt. Eben das löst seine Verbindlichkeit auf, und es erweist sich, daß das Avantgarde-Prinzip unter liberalen Bedingungen, das heißt unter Bedingungen seiner politischen Ohnmacht, statt eine Fortschrittsfrontlinie identifizierbar zu machen, Individualismen und Pluralismen und im Umgang mit ihnen Vorlieben und somit Beliebigkeit freisetzt.

Je größer die Menge der Hervorbringungen mit Innovationsanspruch ist, um so freier werden wir, unser vorherrschendes Interesse diesem statt jenem zuzuwenden, auch heute noch bei dem zu bleiben, was bereits gestern von heute war, das sogenannte Provinzielle unüberbietbar apart zu finden und die Originalität in den Seitenlinien zu erkennen, die sich um so häufiger abzuspalten pflegen, je dynamischer sich der Hauptstrom der Entwicklung vorwärtsbewegt. Wahr ist, daß in der Fülle gleich legitimer Möglichkeiten, die gerade unter der Herrschaft von Avantgarde-Idealen in der Kunstszene freigesetzt werden, in residualer Position sich auch die Hotelbildmalerei hält.

Gleichwohl bleibt Adornos harsches Diktum, daß es zwischen Hotelbildmalerei und Avantgarde ein Drittes nicht gäbe, ein phänomenwidriges Konstrukt. Jeder, dessen Lebensweise es mit sich bringt, sich immer wieder einmal in Hotels aufhalten zu müssen, sieht doch, daß die Hotelbildmalerei ihrerseits sich unter der Wirkung von Avantgarde-Idealen fortschreitend verändert. Der gute alte Kitsch ist längst vom Avantgarde-Kitsch verdrängt, und qualifiziertes Hotel-Management weiß längst, daß es seinen anspruchsvollen Gästen, von denen etliche doch sogar in Adornos Ästhetik-Seminaren gesessen haben mögen, Kitsch nicht zumuten kann – weder den einen noch den anderen. Noch im nachhinein darf man Adorno bedauern, daß es ihm offensichtlich nicht beschieden war, dann und wann in jenen auch zu seiner Lebenszeit bereits existent gewesenen Hotels oder Restaurants sich aufzuhalten, die Kennern in aller Welt als Sammel- und Ausstellungsstätten moderner Kunst ersten Anspruchsranges vertraut sind.

Avantgardismus hat also in einer liberalen Kultur nicht Frontliniencharakter. Er löst ganz im Gegenteil die temporale Homogenität der Kunstszene auf und setzt Beliebigkeit frei. Eklektizismus wird unumgänglich und damit eine zentrale Intellektualtugend des Aufklärungszeitalters rehabilitiert. Auch die sogenannte postmoderne Architekturtheorie hat für den Begriff des Eklektizismus bekanntlich wieder Verwendung.[14]) Die neue Nötigkeit eklektischer Verhaltensweisen macht man sich am besten am modernen, moderner Kunst gewidmeten Ausstellungsbetriebs deutlich. Wer heute die Entwicklung der Gegenwartskunst im knappen Zeitraum eines halben Jahrhunderts zwischen dem Beginn der dreißiger Jahre und unseren eigenen Gegenwartsjahren in wirklich repräsentativen Materialien vorführen will, benötigt dafür Objekte in einer Menge, die sich in konventionellen Museums- und Ausstellungsräumen gar nicht mehr unterbringen ließe. Entsprechend war man für die repräsentative Westkunst-Ausstellung 1981 in Köln[15]) darauf angewiesen, für die ausstellungstechnische Vergegenwärtigung der Entwicklung der Kunst in fünfzig Jahren unseres eigenen Jahrhunderts Messehallen in Anspruch zu nehmen. Es ist evident, daß in der avantgardismusbedingt höchst disparaten Objektfülle, im Chaos der Reliktmenge, Ordnung von Genesen selbst in den Details allenfalls noch der Spezialist zu erkennen

vermag. Die Verwissenschaftlichung unseres Verhältnisses zur modernen Kunst entspricht dem.
Andererseits kann das kunstwissenschaftlich elaborierte Verhältnis zur modernen Kunst nicht das einzige sein, das uns heute verstattet wäre. Als Avantgarde-Kunst zugleich Volkskunst zu sein – das gehört zu den nicht einmal geheimen Wünschen europäischer Avantgarde-Bewegungen von Anfang an, und in gewisser Weise, die die Esoteriker freilich ärgert, sind diese Wünsche sogar in Erfüllung gegangen. Das heißt: Die Massen der Relikte aus der Entwicklung avantgardistischer Kunst, für deren Exposition man tatsächlich auf Messehallen angewiesen ist, finden heute das Interesse des Massenpublikums, ohne das die Inanspruchnahme von Messehallen wirtschaftlich doch gar nicht tragfähig wäre. So wallen also diese Massen durch die Hallen und wir alle, sofern wir nicht gerade Experten sind, mit ihnen – eilen hier angewidert vorbei, verharren fasziniert dort, und die Menge dessen, was uns gleichgültig läßt, verschafft die dann und wann nötige Entspannung durch Langeweile. Man verhält sich also, unter dem Mengendruck notgedrungen, zum expositorischen Angebot nicht mehr in der Prätention umfassender Kennerschaft. Kunsthistorisches Expertenurteil kann ohnehin nur eine winzige Minderheit in Anspruch nehmen. Liebhaber mußten sich, im Interesse einer Kultur ihrer Liebhaberschaften, immer schon beschränken, und beim historisch beispiellosen Reichtum des Angebots müssen sie das heute erst recht. Wie nie zuvor legt uns also die aktuelle Kunstszene Selbstbeschränkung durch Verzicht und Auswahl auf. Kurz: Man wird zum Eklektiker. Eklektizismus – das ist heute die Form der Bewahrung intellektueller Souveränität gegenüber dem manifesten Chaos sonst nicht mehr bewältigungsfähiger Reliktfülle in unserer avantgardistisch beschleunigten kunstgeschichtlichen Evolution.
Die deutsche Aufklärung war, wie die britische, im Gegensatz zur französischen eine überwiegend religionsfreundliche Aufklärung, und sie hat sich daher in der Anempfehlung der Intellektualtugend des Eklektizismus gern auf den heiligen Paulus berufen. „Prüfet Alles und das Gute behaltet“, heißt es im 1. Thessaloniker-Brief. Faßt man den Sinn der Berufung der Aufklärungs-Eklektiker auf dieses Bibelwort näher ins Auge, so erkennt man freilich, daß die aktuelle Eklektizismus-Renais-

sance einen veränderten kulturellen Stellenwert hat. In der Frühzeit des historischen Bewußtseins, die mit der Hoch-Zeit der Aufklärung zusammenfällt, in der zweiten Hälfte des 18. Jahrhunderts also, erfüllte der Historismus nicht zuletzt die Funktion, in die chaotisch wachsende Menge historischer Materialien eine gewisse Ordnung narrativ konsistenter, also erzählbarer Geschichten zu bringen. Zumal für die moderne Naturgeschichte, die ja als historische Naturwissenschaftsdisziplin sich gleichzeitig mit den historischen Kulturwissenschaften entwickelt hat, gilt das, wie Wolf Lepenies gezeigt hat.[16]) Statt Reliktchaos Entwicklungsreihen, Geschichten im modernen, wissenschaftlich diszipliniert erzählbaren Sinn sichtbar zu machen – das ist die ordnungsstiftende Leistung des historischen Bewußtseins gewesen und ist es bis heute. Für Gegenwartsgeschichten einschließlich ihrer kunstgeschichtlichen Aspekte gilt aber, daß sie in ihrer historisch singulären evolutionären Dynamik sich nur noch professionell, in Expertenarbeit, aufarbeiten und narrativ ordnen lassen. Die entsprechend fortschreitende Verwissenschaftlichung gerade auch der neueren und neuesten Kunstgeschichte hat ihr Komplement in der fortschreitenden Inkongruenz von historischer Laienbildung und dem Gegenstand dieser Bildung. Der Eklektizismus, der uns somit diesseits esoterischer Zirkel professioneller Experten im Umgang mit der Überfülle des Reliktmaterials moderner kunsthistorischer Aufstellungen einzig verbleibt, ist also, anders als der Eklektizismus aufgeklärter Intelligenz, der auf einer dem Anspruch nach umfassenden Prüfungskompetenz beruhte, ein Eklektizismus aus der Verlegenheit des überforderten historischen Sinns.
Die Urteilssouveränität, die der Eklektizismus stets für sich in Anspruch genommen hat, verändert sich damit ihrerseits. Sie prätendiert nicht mehr Kennerschaften, die umfassend genug wären, objektivierbar und somit universell kommunizierbar die riesigen Angebote evolutionär oder nach Geltungsklassen zu ordnen (der Zusammenfall beider Ordnungsgesichtspunkte ergäbe das avantgardistische Ordnungssystem). Sie nimmt vielmehr das Recht subjektiver Vorlieben in Anspruch und weiß sich im guten Sinn dieses Rechts durch die erweisbare Willkür in den naiven Urteilssprüchen rezenter Avantgardisten bestätigt.

Es liegt in der temporalen Natur der Sache, daß mit der Dynamik in der Abfolge avantgardistischer Innovationen die eklektische Urteilssouveränität sich nicht zuletzt in der Zurückweisung der Zumutung zur Geltung bringt, sich stets auf der Höhe aktueller Entwicklungen befinden zu sollen. Das setzt sich um in ein Interesse für kulturelle Bestände, die komplementär zu avantgardistisch bewegten Gegenwartsszenen sich durch eine größere Geltungskonstanz auszuzeichnen scheinen. Zur Moderne gehört die Klassik, und mit der innovatorischen Dynamik der Moderne gewinnt die Klassik an kultureller Gegenwart. „Je katastrophaler der Weltzustand, um so hermetischer die Kunst", konstatierte Carl Dahlhaus.[17]) Das gilt, gerade auch in der Musik, selbstverständlich allein für die Kunst der Avantgarde. Die Räume der Öffentlichkeit, aus denen sie sich zurückzieht und in denen sie ein rezeptionskompetentes Publikum nicht mehr fände, bleiben freilich nicht kunstfrei, und sie werden auch nicht, wie das zitierte Diktum Adornos über den Alternativcharakter von Avantgarde und Hotelbildmalerei vermuten ließe, von der Trivialkunst erobert. Sie werden vielmehr von der Klassik besetzt, und Carl Dahlhaus hat die spezifische Modernität dieses Vorgangs prägnant durch den Hinweis verdeutlicht, daß jene Epoche der Musikgeschichte, der die Musik entstammt, die heute, zum Beispiel als Wiener Klassik, in allen Konzertsälen zu hören ist, ihrerseits gar keine klassische Musik kannte.
Der Begriff der Klassik ist begriffshistorisch ein überaus facettenreicher Begriff[18]), und die mannigfachen, nicht immer konsistenten und zweckmäßigen aktuellen Verwendungsweisen des Wortes „klassisch" entsprechen dem.[19]) Es erübrigt sich an dieser Stelle, das zu wiederholen oder fortzuführen. Das wichtigste Resultat der Begriffsgeschichte von „klassisch" ist ohnehin in den aktuell dominanten Hauptgebrauch des Wortes „klassisch", also in unsere gemeine Bildungssprache eingegangen. Man verwendet heute, gemeinverständlich, „klassisch" überwiegend nicht als Nominator zur Kennzeichnung der Zugehörigkeit von Objekten zu einer als „Klassik" benannten Epoche. In der Kunsthistoriographie ist „Klassik" überdies als Epochenbezeichnung durchaus ungebräuchlich.[20]) Man verwendet „klassisch" zumeist als Prädikator, durch den Objekten der Kunst-, Literatur- oder Musikgeschichte ganz unabhängig von ihrer historiographisch üblichen Epochenzuordnung gewisse

Eigenschaften zugesprochen werden. Gewiß hören wir noch bei „Klassik", wenn wir sie gegen „Romantik" kontrastieren, den Epochennamen mit. Andererseits fühlen wir uns nicht im mindesten gehemmt, Schubert einen „Klassiker des deutschen Liedes (mag er sonst auch ein ‚Romantiker' sein)" zu nennen[21]), und das ist der vorherrschende prädikative Gebrauch des fraglichen Wortes.
Welche Eigenschaften sind es, die uns ein Werk als „klassisch" kennzeichnen lassen? In unserem Zusammenhang kommt es allein auf den temporalen Aspekt der Sache an. In einer avantgardistisch geprägten Kunstszene ist „klassisch" ein Kontrastbegriff zum Begriff des Modernen[22]), das sich, als das ephemer Neue, auf der Spitze des Zeitpfeils befindet. Dabei ist, im temporalen Aspekt der Sache, das Klassische nicht einfach das gegenüber dem aktuell Modernen nach gewissen inhaltlichen Kriterien ausgezeichnete Alte. Es ist vielmehr dasjenige Alte, was sich vor dem ephemer Neuen und Neuesten durch eine faktisch erwiesene größere Alterungsresistenz auszeichnet. Das ist es, was plausiblerweise Martin Walser zur Eröffnung einer neuen Klassiker-Gala-Edition in einem eigens dafür gegründeten Klassiker-Verlag als das entscheidende Kriterium heraushob. Relative Dauergeltung – das ist es also, was im Kontrast zur aktuellen literarischen Avantgarde den Klassiker ausmacht und das expandierende Interesse fürs Klassische erklärt, dem wiederum der expandierende, auf Klassisches spezialisierte Geschäftsbereich der Verlage entspricht. „Die Bücher, die die meisten Leute am längsten brauchen, sind ... klassisch." – So lautet das schlicht, aber genau in der Zusammenfassung.[23])
„Klassische Werke"[24]) fand Gottfried Boehm, haben „ihre eigene paradoxe Form der Zeit. In ihnen fließt alles Vergangene – sie selbst entstammen der Vergangenheit – in die Gegenwart zurück".
In der beschleunigten Evolution der Kunst erfaßt der dazu komplementäre Alterungsprozeß die Werke der Kunst nicht chronologisch homogen. Je rascher die künstlerische Evolution unter Bedingungen der Autonomie der Kunst und zusätzlich durch die normative Wirkung aufgerichteter Avantgarde-Ideale abläuft, um so unübersehbarer differenzieren sich zugleich Bestände höchst unterschiedlicher Alterungsanfälligkeit aus. Erwiesene Alterungsresistenz wird dabei zur interessantesten

Eigenschaft. Klassisch ist, was den Fortschritt aushält[25]), und je irresistibler der Fortschritt sich Bahn bricht, um so nachdrücklich bringt sich zugleich Klassik in ihrer erprobten Unüberholbarkeit durch den Fortschritt zur Geltung.

Selbstverständlich ist Hans Robert Jauß zuzustimmen, daß die Klassik stets auch ihrerseits Avantgarde repräsentiert, nämlich Avantgarde von gestern oder vorgestern.[26]) Die „Perspektive der hypostasierten Tradition" verstelle den Blick dafür, „daß klassische Kunst zur Zeit ihrer Hervorbringung noch nicht ‚klassisch' erschien, vielmehr selbst einmal neue Sehweisen eröffnet und neue Erfahrungen präformiert" hat. Gewiß, und der Wille zur Eröffnung neuer Sehweisen und neuer Erfahrungsmöglichkeiten prägt, so weit die Avantgarde explizit zur Norm geworden ist, die künstlerische Produktion generell. Aber der erfüllte innovatorische Anspruch ist keineswegs eo ipso mit der Verheißung verknüpft, als die große Innovation von gestern oder vorgestern die Geltung des Klassischen zu erlangen. Nie war die Menge der neuen Erfahrungen, die zu machen das Publikum eingeladen ist, größer als heute. Aber nie war auch der Anteil neu eröffneter Erfahrungsmöglichkeiten größer als heute, für die sich morgen, gar übermorgen, niemand mehr interessiert. Um so interessanter wird, was aus diesem Prozeß avantgardistisch erhöhter Veraltensgeschwindigkeit als alterungsresistenter Bestand hervorgeht, und das ist die temporale Charakteristik des Klassischen, auf die es hier ankommt.

Selbstverständlich verliert die Klassik in diesem Prozeß an Kanonizität. Nicht, daß sich unter Avantgarde-Bedingungen Kanons gar nicht mehr bilden ließen. Aber sie ändern ihre Zusammensetzung, und zwar komplementär zur Dynamik der aktuellen kulturellen Evolution. Anders formuliert: Das, was wir als klassische, das heißt als relativ alterungsresistente kulturelle Bestände im kulturellen Fortschritt erfahren, nimmt an der Historizität des Prozesses teil, der uns komplementär zu seiner Dynamik nach Gelegenheiten Ausschau halten läßt, Erfahrungen relativer kultureller Geltungskonstanz machen zu können. Klassik ist erwiesene Selektionsresistenz in den Prozessen der Organisation und Umorganisation unserer Erinnerung, die die Dynamik des kulturellen Prozesses uns auferlegt. Auch in diesem Zusammenhang wird evident, daß die Adornosche Alternative von Avantgarde und Hotelbildmalerei eine Nonsens-

Alternative ist. Gerade wer die Avantgarde schätzt, schätzt um so mehr auch, wogegen sie kontrastiert, und eben diesen Kontrast zur aktuellen Avantgarde bildet die Klassik als inzwischen alterungsresistenzerprobte Avantgarde von gestern oder vorgestern.

Man kann sich diesen Strukturzusammenhang, daß komplementär zur kulturellen Evolutionsdynamik alterungsresistente kulturelle Bestände fortschreitend an Interesse gewinnen, an beliebigen Alltagsphänomenen anschaulich machen. Ich habe zu diesem Zweck wiederholt die kleine Geschichte erzählt, der sich das Siegel der Ruhr-Universität Bochum verdankt.[27]) Avantgardistischer Logik hätte es entsprochen, in der Wahl des Universitätsemblems nicht auf Requisiten klassischer bürgerlicher Bildung zu rekurrieren, vielmehr auf Symbole, die Modernität, wissenschaftlich-technische oder auch soziale Aufgeschlossenheit repräsentieren. Tatsächlich wurden bei den Beratungen Symbole dieser Art vorgeschlagen – ein stilisierter Förderturm zum Beispiel oder auch eine Atommodellgraphik. Der durchschlagende Einwand lautete stets, als emblematischer Modernitätsbeweis eigne sich schlecht, was bereits jetzt in hohem Maße als alterungsanfällig erkennbar sei. Das Zechensterben werde uns, so wurde argumentiert, über kurz oder lang auf Bochumer Stadtgrund einen Förderturm einzig noch im Bergbaumuseum finden lassen, und die Atomphysik könne ihrer außerordentlichen Fortschritte wegen ohnehin nur mit Atommodellen von überaus kurzfristiger Geltung aufwarten. Daraufhin wurde, ganz konventionell, auf altvertraute Gehalte klassischer Bildung rekurriert. Epimetheus und Prometheus schmücken seither das Bochumer Siegel, und es ist evident, wieso sie über die konkurrierenden Vorschläge avantgardistischer Modernitätsromantiker zu triumphieren vermochten: Sie empfahlen sich durch ihre größere Beständigkeit gegenüber Alterungsprozessen. Die Strukturformel, auf die sich das bringen läßt, lautet: In dynamischen Kulturen gewinnt das Alte den temporalen Vorzug, sehr viel weniger rasch als das weniger Alte zu altern.

Der museumsstürmerische Gestus der inzwischen veralteten Avantgarde beruhte, wie man erkennt, auf einem Selbstmißverständnis. Je moderner die Zeiten sind und je mehr wir in modernen Zeiten das Moderne schätzen, um so mehr gewinnt zugleich an Geltung, was wir nicht seiner aktuellen Modernität wegen, vielmehr dauerhaft zu schätzen vermögen. Wahr ist freilich, daß unter Avantgarde-Bedingungen auch die Klassik immer jünger wird. Längst gibt es eine „klassische Moderne", und es kann gar keine Rede davon sein, daß dieser Ausdruck „als Wortbildung ... ebenso unmöglich" sei wie die Wortbildung „Postmoderne".[28]) Die nur scheinbar paradoxe Formulierung „klassische Moderne" macht vielmehr anschaulich, daß erhöhte Innovationsdynamik zugleich auch die Selektionsprozesse beschleunigt sein läßt, aus denen fortschreitend neu Klassik als erwiesenermaßen alterungsresistenter Bestand hervortritt. Inzwischen ist der Begriff der klassischen Moderne seinerseits schon ein paar Jahrzehnte alt, und nach Analogie der Bildung dieses Begriffs haben wir es nun überall mit Relikten jüngster kultureller Evolutionen zu tun, die als „Inkunabeln" gelten, als „Leitfossilien" identifiziert sind oder als „Urphänomen" in allem, was darauf noch folgte, wiedererkannt werden.

[1]) Hans Robert Jauß: Kalendarium zur Verkürzung der Epochenbegriffe. Kunst. Typoskript. Konstanz 1983.

[2]) Das immer wieder nachgedruckte Dokument ist hier zitiert nach Walter Hess: Dokumente zum Verständnis der modernen Malerei. Reinbek b. Hamburg 1986. pp.71—72.

[3]) Im Kapitel 9.6 („Gegenwartsschrumpfung und Planung") meines Buches „Der Lebenssinn der Industriegesellschaft. Über die moralische Verfassung der wissenschaftlich-technischen Zivilisation". Berlin, Heidelberg, New York, London, Paris, Tokyo, Hong Kong 1990.

[4]) Hans Tietze: Lebendige Kunstwissenschaft. Zur Krise der Kunst und der Kunstgeschichte. Wien 1925. p.39.

[5]) a.a.O. p.60.

[6]) Cf. dazu Walter Graskamp: Museumsgründer und Museumsstürmer. Zur Sozialgeschichte des Kunstmuseums. München 1981. pp.47f.

[7]) Ganz unbefangen gebraucht diesen Ausdruck Laszlo Glozer: Westkunst. Zeitgenössische Kunst seit 1939. Köln 1981. p.127.

[8]) Hans Tietze: a.a.O. (cf. Anm.4) p.60.

[9]) Zu Christo cf. Lawrence Alloway: Christo. Stuttgart 1969. Ferner: Michael S. Cullen und Wolfgang Volz (Hrsg.): Christo. Der Reichstag. Frankfurt/M. 1984.

[10]) Der zitierte Satz findet sich bei Werner Hoffmann: Kunst und Politik. Über die gesellschaftlichen Konsequenzen des schöpferischen Handelns. Köln 1969. p.25. Der fragliche Satz tritt hier sogar als Kapitelüberschrift auf.

[11]) „wird die moderne Kunst ‚gemanaget'?" Ein Bericht mit Beiträgen von Theodor W. Adorno, Max Bense, Konrad Farner, Daniel-Henri Kahnweiler, Egon Vietta u.a. Baden-Baden, Krefeld 1959. p.41.

[12]) Zur Avantgarde-Metaphorik cf. Hannes Böhringer: Avantgarde – Geschichte einer Metapher. In: Archiv für Begriffsgeschichte. Band XXII (1978). pp.90–114.

[13]) Cf. W. Draeger: Trompe-l'oeil – Anmerkungen zu seiner Entwicklung. In: du. Die Kunstzeitschrift. 6/1980. pp.22–62.

[14]) Cf. Charles Jencks: Die Sprache der postmodernen Architektur. Die Entstehung einer alternativen Tradition. Stuttgart [2]1980. pp.132ff.: „Postskriptum für einen radikalen Eklektizismus".

[15]) Cf. dazu Laszlo Glozer: Westkunst. Zeitgenössische Kunst seit 1939. Köln 1981.

[16]) Wolf Lepenies: Das Ende der Naturgeschichte. Wandel kultureller Selbstverständlichkeiten in den Wissenschaften des 18. und 19. Jahrhunderts (1976). Frankfurt a.M. 1978.

[17]) Carl Dahlhaus: Abkehr vom Materialdenken? In: Algorithmus, Klang, Natur: Abkehr vom Materialdenken? Die 31. Internationalen Ferienkurse für Neue Musik in Darmstadt. Beiträge von: Clarence Barlough, Carl Dahlhaus, Brian Ferneyhough, Gerard Grisey, Harry Halbreich, Helmut Lachemann, Michaél Lévinas, Michael Marschall, Tristan Murail, Nora Post. Mainz, London, New York, Tokyo 1984. pp.45–55, p.53.

[18]) Cf. dazu die Skizze elementarer Wandlungen des Begriffs des Klassischen bei Hans-Georg Gadamer: Wahrheit und Methode. Grundzüge einer philosophischen Hermeneutik. 3., erweiterte Auflage. Tübingen 1972. pp.269–275. „Das Beispiel des Klassischen".

[19]) Carl Friedrich Gethmann: Zur Grammatik von „Klassisch". In: Freiheit und Verbindlichkeit. Festschrift zum sechzigsten Geburtstag von Matthias Kohn. Herausgegeben von Heinz Knobeloch. Aachen 1988. pp.315–323.

[20]) Cf. dazu Norbert Knopp: Das Problem der Klassik als Norm. In: Rudolf Bockholdt (Hrsg.): Über das Klassische. Frankfurt a.M. 1987. pp.204–209, p.204.

[21]) Rudolf Bockholdt: Über das Klassische der Wiener klassischen Musik. In: a.a.O. pp.225–259, p.225.

[22]) Hans Robert Jauß hat deutlich gemacht, daß aus der Kontrasterfahrung von normativ ausgezeichneter älterer Kunst und der Kunst der „Modernen", die bereits die berühmte „Querelles des Anciens et des Modernes" erfüllte, schließlich das spezifisch moderne Bewußtsein der historischen Natur des Unterschieds zwischen beiden resultierte. Cf. dazu Hans Robert Jauß: Ursprung und Bedeutung der Fortschrittsidee in der „Querelles des Anciens et des Modernes". In: Die Philosophie und die Frage nach dem Fortschritt. Herausgegeben von Helmut Kuhn und Franz Widmann. München 1964. pp.51–72.

– Ich habe das Resultat dieser Untersuchungen in den Satz „Die Historisierung der Kunst ist das kulturelle Endergebnis der Versuche, zwischen Altem und Neuem in der Kunst kanonisch zu validieren" zusammenzufassen versucht. Cf. dazu meine Abhandlung „Historisierung und Ästhetisierung. Über Unverbindlichkeiten im Fortschritt." In: Hermann Lübbe: Die Aufdringlichkeit der Geschichte. Herausforderungen der Moderne vom Historismus bis zum Nationalsozialismus. pp.46–63, p.46.

23) Martin Walser: Was ist ein Klassiker? In: Klassiker Magazin No.1. Frankfurt a.M. 1986. pp.5–22, p.5.

24) Gottfried Boehm: Das imaginäre Museum und die Sprache der Bilder. In: a.a.O. (cf. Anm. 20), pp. 210–217, p.216.

25) Und damit auch seine Historisierung aushält. Zu diesem Grund der Zuwendung zum Klassischen und seinen Paradoxien in der Wissenschaftsgeschichte der klassischen Philologie cf. Karl Reinhardt: Die klassische Philologie und das Klassische. In: Karl Reinhardt: Vermächtnis der Antike. Gesammelte Essays zur Philosophie und Geschichtsschreibung. Herausgegeben von Carl Becker. Göttingen [2]1966. pp.334–360, p.336.

26) Hans Robert Jauß: Literaturgeschichte als Provokation der Literaturwissenschaft. In: Rainer Warning (Hrsg.): Rezeptionsästhetik. Theorie und Praxis. 1975. 3., unveränderte Auflage 1988. pp.126–162, p.140.

27) Cf. meine in Anm. 22 zitierte Abhandlung a.a.O. p.58.

28) So aber Norbert Knopp: a.a.O. (cf. Anm. 20). p.209.

Philosophie und Öffentlichkeit

Podiumsdiskussion zwischen Hermann Lübbe, Willy Heckel, Annegret Stopczyk, Tilman Steiner und Walther Ch. Zimmerli.

(Hermann Lübbe, Willy Heckel, Tilman Steiner und W. Ch. Zimmerli haben ihre Diskussionsbeiträge überarbeitet; Annegret Stopczyk hat darauf bewußt verzichtet.)

Zimmerli:
Meine sehr verehrten Damen und Herren, ich begrüße Sie recht herzlich zu unserer heutigen Podiumsdiskussion über Philosophie und Öffentlichkeit. Es handelt sich dabei um die letzte Veranstaltung im Rahmen der diesjährigen Bamberger Hegelwochen, und sie wird, so hoffe ich mit Ihnen, nach den vielen Sternstunden, die wir schon erlebt haben, einen glanzvollen Schlußpunkt unter die Bamberger Hegelwochen 1991 setzen. Nicht vorenthalten will ich Ihnen allerdings, daß unser Namenspatron, unser akademischer Schutzheiliger Hegel, sich über unser Thema nicht unbedingt ermutigend geäußert hat. Zum Beispiel kann man lesen: „Die Philosophie ist ihrer Natur nach etwas Esoterisches, für sich weder für den Pöbel gemacht, noch einer Zubereitung für den Pöbel fähig; sie ist nur dadurch Philosophie, daß sie dem Verstande und damit noch mehr dem gesunden Menschenverstande [. . .] gerade entgegengesetzt ist.“[1]) Mit dem Pöbel hat er natürlich nicht spezifische historische Erfahrungen aus seiner eigenen Biographie gemeint, und vor allen Dingen stammt, wenn man es genau betrachtet, diese Stelle aus einer Publikation, die er zusammen mit seinem Freund Schelling verfaßt hat. Schelling war nicht eben bekannt für seine Zuneigung zum Volk, er zitierte mit Vorliebe Horaz, haßte also („odi profanum vulgus et arceo“) das profane Volk und war der Auffassung, daß Philosoph zu sein und zum Philosophieren fähig zu sein voraussetze, daß man dafür geboren sei. Man könnte es durch keine Kunst lernen. Man findet allerdings bei Hegel auch andere Stellen, die etwas ermutigender klingen.

Nicht sehr viel ermutigender, aber immerhin. Man findet etwa, daß Philosophie bei dem gesunden Menschenverstand als der ersten Stufe zur Philosophie beginnen müsse, „denn der Anfang der Philosophie muß" – so wörtlich – „ja die Erhebung über die Wahrheit sein, welche das gemeine Bewußtsein gibt und die Ahndung einer höheren Wahrheit"[2]). Also ausgehen muß man offenbar von dem in der Öffentlichkeit repräsentierten nichtphilosophischen allgemeinen Menschenverstand; aber dann muß man ihn sozusagen höher erheben, und so sagt Hegel ganz ausdrücklich unter Anspielung auf eine Bemerkung Alexanders des Großen gegenüber seinem Lehrer Aristoteles: „Wenn Alexander an seinen Lehrer, als er hörte, dieser mache Schriften über seine Philosophie öffentlich bekannt, aus dem Herzen von Asien schrieb, daß er das, was sie zusammen philosophiert hätten, nicht hätte sollen gemein machen, und Aristoteles sich damit verteidigte, daß seine Philosophie herausgegeben und auch nicht herausgegeben sei, so muß die Philosophie zwar die Möglichkeit erkennen, daß das Volk sich zu ihr erhebt, aber sie muß sich nicht zum Volk erniedrigen."[3]) Die Meinung ist also, daß Philosophie und Volk – populus, Öffentlichkeit, wie man das auch immer nennen will, abschätzig oder positiv –, daß Philosophie und Öffentlichkeit sich so zueinander verhalten, daß die Philosophie gleichsam eine erziehende Funktion gegenüber der Öffentlichkeit ausübe. Wir sind als Philosophierende im Rahmen der Bamberger Hegelwochen 1991 selbstverständlich frei, selbst den Schutzpatron unseres philosophischen Gesprächs zu kritisieren, und ich hoffe, daß die Veranstaltung des heutigen Abends dazu beitragen wird, daß wir ein wenig substantiierte Kritik, vielleicht auch eine Bestätigung, dieser so beschriebenen Position bekommen werden!

Zunächst einmal stelle ich Ihnen vor, wer denn hier mit uns, vor Ihnen und nachher mit Ihnen diskutieren wird. Ich gehe der Einfachheit halber so vor, daß ich von Ihnen aus gesehen links beginne und dann in der Reihe nach rechts vorstelle. Ich beginne also mit Herrn Steiner: Herr Dr. Tilman Steiner ist Fernsehjournalist beim Bayerischen Rundfunk, als Leiter der Redaktion Beruf, Arbeit und Recht, und war bis 1990 Leiter des Wissenschaftsmagazins „Aus Forschung und Lehre". Seit 1990 hat dieses Wissenschaftsmagazin mit einer neuen Konzeption und einem neuen Titel, nämlich „Medium Wissenschaft", das Herr Steiner mitverantwortet, sich neu an die Arbeit der Vermittlung der Wissenschaftsinhalte an ein nicht-wissenschaftliches Publikum gemacht. Herr Steiner ist Autor zahlreicher wissenschaftlicher Dokumentarfilme, er ist in Wissenschaftsmagazinen und rechtswissenschaftlichen Sendungen tätig gewesen, er war und ist außerdem Lehrbeauftragter an verschiedenen Universitäten. Herr Steiner ist also sozusagen unser Mr. TV heute abend.

Hermann Lübbe ist nicht nur aus den üblichen Gründen nicht vorstellungsbedürftig, sondern auch deswegen, weil er unterdessen ja ein echter Bamberger geworden ist; ihn kennen Sie inzwischen alle, und wir freuen uns, Herr Lübbe, daß wir heute die Chance haben, mit Ihnen hier auf dem Podium und dann gemeinsam im Plenum zu diskutieren.

Wir waren der Auffassung – und das ist der Grund für die Zusammensetzung dieses Podiums –, daß es zwei Prinzipien zu befolgen gelte, nach denen wir dieses Podium, was das Personal der Diskussion betrifft, bestücken sollten. Das eine Prinzip ist, daß wir das Thema Philosophie und Öffentlichkeit nicht allein von seiten der Philosophie, sondern wie Sie sehen, auch von seiten der Öffentlichkeit, d.h. von seiten der Medien her angehen sollten, und das andere war, daß wir Ihnen gerne zeigen wollten, daß, obwohl der Anschein dafür spricht, daß auch Philosophie eine spezifisch männliche Angelegenheit sei – bisher haben Sie im Rahmen der Hegelwochen ausschließlich Männer präsentiert bekommen –, dieser Anschein trügt. Genauer gesagt: daß wir uns – auch dies ist ein für unsere Gegenwart typisches Charakteristikum – in einem Prozeß der Umwandlung befinden, in dem sukzessive immer mehr Frauen in der Philosophie sich professionell zu Worte melden. Und es ist uns gelungen, mit Frau Annegret Stopczyk, die freischaffende Philosophin in Berlin ist, eine der profilierten Vertreterinnen einer nicht nur patriarchatskritischen, sondern auch weiblichen Philosophie zu gewinnen; wir freuen uns also auch besonders auf diese Aspekte der Diskussion von Philosophie und Öffentlichkeit. Frau Stopczyk ist u.a. auch dank der Unterstützung zu uns gekommen, die wir durch die derzeitige Frauenbeauftragte der

Universität Bamberg, Frau Dr. Bettina Paetzold, erhalten haben. Frau Stopczyk hat sich bewußt der Realität außerhalb des akademischen Establishments ausgesetzt; sie arbeitet zur Zeit an der Entwicklung einer Leibphilosophie, und wir hoffen, daß wir darüber heute abend noch einiges hören werden. Frau Stopczyk wurde als Studentin durch die Studienstiftung des Deutschen Volkes gefördert und hat inzwischen zahlreiche Veröffentlichungen vorgelegt; mir selbst ist sie bekannt geworden durch ein Buch, das plötzlich von seiten unserer Studentinnen als Prüfungsbuch einen wahren Vorschlagsboom erlebte, nämlich das Buch „Was Philosophen über Frauen denken", das Frau Stopczyk herausgegeben und kommentiert hat.

Der letzte aus ganz anderen Gründen vorstellungsunbedürftige Teilnehmer unserer Runde ist – jedem in Bamberg bekannt – Willy Heckel. Willy Heckel, jetzt freier Journalist, ist stattliche 35 Jahre lang Ressortleiter der Bamberger Nachrichten des Fränkischen Tags gewesen, die letzten fünf Jahre auch Chef vom Dienst beim FT. Er ist Autor und Mitautor zahlreicher Bambergbücher. Seit 1973 wirkt er als Dozent an der Volkshochschule, er war 84/85 auch Lehrbeauftragter unserer Universität, und ich erinnere Sie daran, daß er vom Bamberger Oberbürgermeister einmal als „Lehrmeister der Stadt", als „praeceptor urbis", bezeichnet worden ist. Ich möchte ihn der Symmetrie halber als Mr. FT bezeichnen.

Meine Damen und Herren, das sind die Teilnehmer an der Podiumsdiskussion, ich selbst werde – moderat, wie das meine Art ist – versuchen zu moderieren und mich ab und zu hinreißen lassen, selbst einzugreifen. Wir haben uns vorgestellt, daß wir zunächst einmal mit einer knappen Statement-Runde beginnen. Die sollte so aussehen, daß die professionell Philosophierenden, akademisch oder außerakademisch, männlich oder weiblich, mit ihren Vorstellungen über das Verhältnis von Philosophie und Öffentlichkeit beginnen. Dann sollten die Journalisten darauf reagieren bzw. uns ihre eigenen Probleme, ihre Fragestellungen, ihre Erfahrungen in kurzen Statements vortragen, so daß wir das Thema „Philosophie und Öffentlichkeit" von dem etwas allgemeineren philosophischen Problemaufriß in die konkrete Frage nach der Beziehung von Philosophie und

Medien und nach der Erfahrung der Philosophie mit den Medien und der Medien mit der Philosophie überführen können. Natürlich ist das nicht der einzige Aspekt des Problems, und wir werden gleich schon in der Statement-Runde sehen, daß es noch viele andere Möglichkeiten gibt, dieses Thema anzugehen; aber es ist mit Sicherheit in der gegenwärtigen medienbestimmten technologischen Welt eine der wichtigsten Facetten unseres Themas Philosophie und Öffentlichkeit.

Meine Damen und Herren, ich habe in den letzten Tagen als Motto oder Slogan der diesjährigen Hegelwochen gelegentlich die Formel von der „neuen Bürgerlichkeit der Philosophie" verwendet. Und ich habe auch gesagt, das Ambiente einer kleineren Stadt, das Ambiente einer zum Prinzip gemachten und bewußt gewollten Klein-Urbanität – was nicht Enge heißen muß –, sei besonders gut geeignet, die neue Bürgerlichkeit der Philosophie gleichsam einzuüben. Deswegen sind wir auch besonders froh, daß wir mit Herrn Heckel den Vertreter einer regionalen Zeitung hier auf dem Podium haben; vielleicht läßt sich besonders gut – und die Berichterstattung im Fränkischen Tag auch über die diesjährigen Hegelwochen bestätigt das erneut – an einem Medium dieser Art zeigen, was die Chancen einer neuen Bürgerlichkeit der Philosophie wären. Und ich bin gespannt auf den Kommentar, den wir dann von Herrn Steiner hören, wie ein überregionales Ton-Bild-Medium, wie sich ein Telemedium mit der Philosophie als einer der vielen Geistes- oder anderen Wissenschaften, die zu vermitteln sind, herumschlägt. Meine Damen und Herren, Sie sind aber nicht gekommen, um mich zu hören; wir steigen jetzt in die erste Diskussionsrunde ein, und ich würde mich freuen, wenn wir zunächst einmal mit dem Hauptredner unserer diesjährigen Bamberger Hegelwochen beginnen könnten. Bitte, Herr Lübbe, Sie haben das Wort!

Lübbe:
Meine Damen, meine Herren! Um viele Dinge steht es in unserer Gegenwart nicht gut. Aber es steht gut, meine ich, um die Präsenz der Wissenschaften und mit ihr der Philosophie in der Öffentlichkeit. Ich möchte gemäß der von mir geschätzten em-

pirienahen Art mit ein paar Strichen zunächst vor Augen rücken, daß das so ist. Die Wissenschaftler und mit ihnen auch die Philosophen beklagen sich dann und wann darüber, daß sie, sozusagen, keine gute Presse hätten. In wohlbestimmter Hinsicht ist das tatsächlich der Fall, und das hat tiefreichende Gründe. Aber kann man die beschädigte Geltung der Wissenschaften einschließlich der ihnen zugewandten Philosophie in der Öffentlichkeit dadurch befestigen, daß man, was man zu tun hat und bewirkt, durch einschlägige Öffentlichkeitsarbeit sichtbarer macht? Dagegen sage ich: Die Wissenschaften und die ihr zugewandte Philosophie sind nicht deswegen in Bedrängnis geraten, weil sie, in Gewöhnung an die Abgeschiedenheit des elfenbeinernen Turmes, die Öffentlichkeit mieden. Die Sache verhält sich, wie mir scheinen will, genau umgekehrt: Nie haben sich die Wissenschaften und mit ihr die ihr zugewandte Philosophie gründlicher als heute der breiten Öffentlichkeit bekanntgemacht, und eben damit sind sie in die öffentlichen Auseinandersetzungen geraten.

Wie also und mit welchen Mitteln präsentieren sich Wissenschaft und Philosophie heute der Öffentlichkeit? Was gibt es da? Zum Beispiel Pressebüros in jeder kleinen abgelegenen Fachhochschule. Diese Büros sind hauptamtlich besetzt, und ein Strom von Informationen aus der Welt der Wissenschaft ergießt sich unterbrechungslos in die Öffentlichkeit. Jede Rektoratsübergabe hat heute die Form der Selbstdarstellung der Wissenschaft angenommen. Nicht mehr Rektoratsreden im traditionellen Stil fachgelehrter Vorträge stehen im Mittelpunkt, vielmehr Relevanzreflexionen, Forderungen, Apologetisches. Alle Einrichtungen der Forschungsträgerschaft und der Forschungsförderung präsentieren heute Rechenschaftsberichte. Diese sind regelmäßig exzellent pressemäßig aufbereitet, teils in gewichtigen Nachschlagewerken, teils zusätzlich in Kompaktfassungen für den eiligen Leser. Auch unsere Tageszeitungen, große wie kleine, haben eigene Wissenschafts- und Technikseiten ausdifferenziert. Sogar wöchentliche Geisteswissenschaftsberichte gibt es, und nicht zuletzt die Philosophie ist da sehr präsent. Für die elektronischen Medien gilt nichts anderes. Ein Fachjournalist des ORF wußte kürzlich zu berichten, etwas mehr als zwei Prozent der Sendezeit sei den Wissenschaften einschließlich der Philosophie gewidmet. Der Laie denkt: Das ist doch ein erschreckend geringer Zeitanteil. Wenn man indessen eine realistische Vorstellung von der Hauptfunktion der elektronischen Medien hat, daß sie nämlich unterhalten sollen, dann ist der genannte Zeitanteil nicht gering, sondern überraschend groß. Ich ziehe aus diesen Fakten, deren Reihe sich noch lange fortsetzen ließe, den zusammenfassenden Schluß: Das in vielen Hinsichten eingetrübte Bild der Wissenschaften in der Öffentlichkeit erklärt sich nicht aus unzureichender Präsenz der Wissenschaften in der Öffentlichkeit, vielmehr umgekehrt daraus, daß heute die Öffentlichkeit besser als jemals zuvor über die Wissenschaften, über Vorteil und Nachteil ihrer Nutzung, informiert ist.

Jetzt möchte ich noch mit ein paar zusätzlichen Hinweisen deutlich machen, daß speziell auch die Philosophie heute am Segen wie an den Lasten ausgeprägter Veröffentlichung teilhat. Die Philosophie, fand Hegel, blüht in Krisenzeiten. Die Philosophiehistorie demonstriert uns das. Krise – das ist gewiß nicht die einzige Kennzeichnung unserer gegenwärtigen zivilisatorischen Situation. Aber Krisenerfahrungen prägen diese Situation auch, und einige dieser Erfahrungen begünstigen speziell die Philosophie. Das gilt für die Orientierungskrisenträchtigkeit moderner Lebensverhältnisse. Aus gutem Grund ist Jürgen Habermas' Gegenwartscharakteristik der „neuen Unübersichtlichkeit" rasch populär geworden. Unübersichtlich ist unsere Zivilisation wegen ihrer Komplexität einerseits und wegen ihrer Änderungsdynamik andererseits.

Orientierungskrisen also begünstigen die Philosophie. Die Philosophie ist eben – was immer sie darüber hinaus ist – eine Orientierungswissenschaft, und die Nachfrage nach den vermuteten oder auch tatsächlichen Leistungen einer solchen Wissenschaft wächst in einer Gegenwart an, die sich durch Unübersichtlichkeiten bedrängt, ja geängstigt fühlt. Nur so läßt sich, meine ich, erklären, daß heute Fachwissenschaftskongresse, bei denen noch vor einem Vierteljahrhundert Insider mit einem Fachvortrag zu eröffnen oder zu schließen hatten, heute immer öfter, ja regelmäßig Philosophen als Plenarredner vorsehen. Dabei muß es sich nicht immer um einen Philosophen im engeren fachwissenschaftlichen Sinne handeln. Verlangt wird einer, der in der Generalistenrolle offenzulegen versteht, was eine Spezialdisziplin mit der sie umgebenden und sie tragenden kulturellen, ja politischen Öffentlichkeit verbindet, und dafür eignen sich natürlich je nach Thematik auch andere Generalisten – von den Historikern über die Soziologen bis zu den Theologen.

Philosophen in ihrer Generalistenrolle sind heute auch bei Parteikongressen präsent. Als Mitglieder in Programmkommissionen gelten sie für unentbehrlich. Sogar die Wirtschaftsverbände, auch die Gewerkschaften, finden sich heute für ihre Selbstdarstellungszwecke auf Orientierungsleistungen von Spezialisten fürs Allgemeine angewiesen. In den Ethik-Kommissionen von Ärztekammern und Ingenieurvereinen wirken neben den Fachleuten einerseits und den stets unentbehrlichen Juristen andererseits zumeist auch Philosophen mit. Bei den Anhörungen, die unsere gesetzgebenden Körperschaften in Vorbereitung von Gesetzesentwürfen veranstalten, wird, so weit es sich um Vorhaben handelt, bei deren Erörterung man auf kulturell maßgebendes Orientierungswissen zurückzugreifen hat, regelmäßig auch die Philosophie gehört.

Damit ist selbstverständlich nicht gesagt, daß die Philosophie, so öffentlich ums Wort gebeten, sich stets überzeugend und überdies hilfreich zu den Orientierungsproblemen unserer Gegenwart zu äußern vermöchte. Je höher der Pegel der Erwartungen, die sich an einen richten, steigt, um so wahrscheinlicher werden auch Enttäuschungen. Aber die Krise, in die über solche Enttäuschungserfahrungen mit ihr die Philosophie selber gerät, ist eben keine Überflüssigkeitskrise, vielmehr eine Überforderungskrise. Wir verfügen inzwischen über reiche Erfahrungen damit, wie, mit Glück oder mit weniger Glück, die Philosophie in der Öffentlichkeit operiert, und es lassen sich auch die Bedingungen angeben, von denen die Öffentlichkeitsfähigkeit der Philosophie abhängt. Zwei dieser Bedingungen möchte ich ausdrücklich nennen. Zunächst sind Philosophen zu öffentlicher Wirksamkeit immer nur dann geschickt, wenn sie zunächst und vor allem über eine auch in der Esoterik ihrer Fachkommunität anerkannte Fachkompetenz verfügen. Und solche Fachkompetenz wird ja ihrerseits gerade nicht in der Öffentlichkeit erworben, vielmehr im elfenbeinernen Turm, und einzig derjenige, der gelernt hat, sich öffentlichkeitsentlastet für lange Zeiträume in die Abgeschiedenheit zur Arbeit an der Sache zurückzuziehen, ist dann auch imstande, in der größeren Öffentlichkeit produktiv zu sein. Zweitens gehören dann zu dieser Produktivität selbstverständlich auch rhetorisch-literarische Kompetenzen. Die Philosophie und nicht zuletzt die deutsche reliterarisiert sich gegenwärtig in glückhafter Weise, und es verschlägt dabei nichts, daß es gelegentlich auch weniger glückhaft zugeht und wir aus der Feder von Philosophen Feuilleton in der schlimmen Bedeutung des Wortes zu lesen bekommen. Noch wichtiger ist, daß auch die deutsche Philosophie dabei ist, die Rhetorik zu rehabilitieren, und die Zahl der Philosophen nimmt zu, die die Rhetorik nicht nur historisch und theoretisch, sondern auch praktisch beherrschen.

Zimmerli:
Herzlichen Dank, das war ein optimistischer Auftakt! Frau Stopczyk, wollen Sie gleich anschließen?

Stopczyk:
Ja, also, ich hatte den Eindruck, Sie reden viel von Wissenschaft, aber wenig von Philosophie. Ich möchte in zwei Arten reden über Philosophie. Einmal in der Art, wie es normal ist, und einmal in der Art, wie ich das mache. Zuerst werde ich es machen, wie ich das mache. Erst mal vom Wort her: So wie wir das in der Schule gelernt haben, Wörter auseinanderzunehmen, auf den Ursprung zu sehen. Philosophie: Philos – Sophia, zwei Wörter. Philos wird oft übersetzt „Freund“, aber eigentlich heißt es auch Geliebter, Gatte, Erwählter. Sophia wird oft übersetzt „Weisheit“, aber Sophia heißt auch Kunst, List, Klugheit, das Kreative. Und ein Philosoph ist also einer, der die Sophia liebt. Und das ist eigentlich ein, eben dieser alte – ich würde fast noch sagen vorgriechische –, aber leider ist es ein griechischer Begriff. Also es ist ein griechischer alter Begriff. Sophia ist eine weibliche Gestalt, sie kam in der früheren Zeit auch als Gestalt vor im Alten Testament bei den Gnostikern, auch bei Salomon. Einige von Ihnen kennen vielleicht die Predigten.

Sophia ist – man kann es auch anders interpretieren, modern – ein gewisser Erkenntniszustand, in dem ein Mensch sich befindet, wenn er oder sie erkennt, Sophia ist ein Zustand der Weisheit. Weisheit hat etwas mit Erfahrung zu tun, mit Lebenserfahrung, das haben wir heute noch in der Alltagssprache. Und ein Freund dieses weiblichen Erkenntniszustandes aus dem Lebensbereich nennt sich eigentlich Philosoph.

Nun sehen wir ja alle, das kann so nicht stimmen, denn die, die sich heute Philosophen nennen, die haben ja eigentlich nun wenig damit zu tun, irgendeinen weiblichen Erkenntniszustand erreichen zu wollen. Es läßt sich auch historisch ganz gut zeigen, wie mit der Einführung des Christentums und der jüdischen Vatergottheit usw. eigentlich nicht Sophia angebetet wurde von denen, die meinten, nun etwas Höheres an Bewußtseinszuständen erreichen zu wollen, sondern Logos. Wenn wir heute in Vorwörtern zu irgendwelchen Philosophiewerken schauen, ob das nun bei Habermas ist oder bei anderen, dann geht es immer darum: Wir wollen die Vernunft verteidigen. Es geht in der Philosophie um Vernunft. Es geht um Logos. Logos ist Gesetz, Sprache, Wort. Da steht nichts von Weisheit, da steht nichts von Erfahrung, sondern gerade über die Erfahrung hinaus. Wir kennen das alle von Kant. So, das ist jetzt das Problem. Für mich ist Philosophie in dem Sinne, wie ich mir immer als Kind vorstellte, wie Philosophie wäre, heute nicht Philosophie, sondern das, was sich seit 2000 Jahren, also seit Sokrates Philosophie oder Philosoph schimpft, ist eigentlich Philologie, philologos. Und deshalb habe ich Schwierigkeiten, heute von Philosophie und Öffentlichkeit zu sprechen, weil die Sophia, die Weisheit, die ist ja öffentlich. Die treibt sich überall herum, sie steht auf der Straße und biedert sich jedem an. Sie klagt, niemand will sie sehen, alle finden sie zu trivial, keiner hat Lust, sich mit ihr zu beschäftigen, statt dessen rennen sie dahin, wo niemand etwas versteht, zu den sogenannten Philosophen.

Sophia klagt darüber, sie klagt, daß ihre angeblichen Freunde sie zerreißen. Es gibt wunderschöne Stellen in der Sophiologie, das ist eine noch untergründige Richtung innerhalb der Philosophie, in der Philosophen eben Sophia immer noch anrufen und nicht Vernunft und Logos. Sie klagt, daß ihr die Kleider zerrissen werden von den angeblichen Philosophen, daß sie kein Wort hat, daß Wissenschaft aus ihr gemacht wird und daß das, was sich Philosoph nennt, eben nicht mehr wagt, auf die Straße zu gehen, nicht mehr wagt, überall das zu sehen, was weise ist, was den Erfahrungszusammenhang herstellt. Für mich ist Philosophie eigentlich noch etwas ganz, ganz schrecklich Konservatives, oder vielleicht sogar Archaisches, nämlich noch einmal zurückzugehen, zu versuchen, Sophia zu entdecken. Das ging für mich an der Universität nicht, da sind lauter Philologen. Das sind ja auch Philosophie-Professoren, und keine Philosophen. Und sie reden auch mehr von Wissenschaft als von Philosophie. Und Wissenschaft ist immer gleichgesetzt mit Naturwissenschaft. Wenn ich also von Philosophie rede in einem positiven Sinne, dann meine ich eigentlich diese Sophia.

Aber die ist in der Öffentlichkeit vielleicht esoterisch, heimlich bei irgendwem im Bett oder sonstwo, aber sie ist nicht lehrend. Sie hat keine Möglichkeit zu bilden und hat keine Möglichkeit, mit Menschen öffentlich zu sein als Gemeinschaft. Und das ist ein großes Problem. Woher das alles kommt, das ist eine riesige Forschungsaufgabe. Ich habe das alles in Zusammenhang gebracht mit dem Aufkommen der Vaterrechtsgesellschaft vor 3000 Jahren in Griechenland, d.h. für den europäischen Raum. Daß Logos und Sophia getrennt wurden irgendwann im 4. Jahrhundert und Sophia ganz verschwunden ist und nur noch Apollon oder die Vernunft oder Athene herrscht. Das ist eine ganz andere Gottheit, ein ganz anderer Geist als das, was Sophia eigentlich ausmacht. Und in diesem alten Sinne war Sophia immer da, ist immer da, ist überall, ist öffentlich in dem alltagssprachlichen Sinne, daß öffentlich überall ist. Öffentlichkeit im modernen Sinne meint etwas ganz anderes. Öffentlichkeit im patriarchalen Sinne meint eben die ursprüngliche Trennung von Polis und Oikos. Sie haben das ja vielleicht noch in der Schule gelernt, oder vielleicht auch nicht mehr, daß irgendwann es einmal so war, daß die Sphäre der Bürger von der Sphäre der Nichtbürger stark getrennt wurde. Zu den Nichtbürgern gehörten die Frauen, die Sklaven und alle anderen Menschen außer einem minimalen Prozentsatz, der sich als freie Bürger bei den Griechen zur Polis zusammenschloß. In dieser Polis-Struktur wurde eben Recht gesprochen, wurde Öffentlichkeit als ein Raum verstanden, in dem der Bürger sich äußert. Bis hin zu Kant mit dem Postulat „Aufklärung ist der öffentliche Gebrauch der Vernunft“ war dies nicht der öffentliche Auftritt von Sophia. Der öffentliche Raum ist auch dadurch strukturiert gewesen, daß eben Könige, Kaiser, Fürsten bestimmt haben, wer öffentlich reden darf und wer nicht. Philosophen haben gerne und oft und liebend gerne neben den Kaisern und Königen und Fürsten gesessen und haben dadurch auch Macht und Einfluß gehabt in ihrer jeweiligen Gesellschaft.

Nun sind die Monarchien abgeschafft in Europa, die Philosophen oder die sogenannten Philosophen klagen, sie haben nicht mehr so einen leichten Zugang zur Öffentlichkeit, weil der öffentliche Raum nicht mehr so einfach beherrschbar ist. Jetzt gibt es die Medien, das sind sozusagen die Königs- und Kaiserersatze. Jetzt sitzen da die Redakteure. An diese müssen sich die Philosophen, wenn sie sich noch so nennen oder auch nicht mehr, irgendwie heranmachen. Und diese haben nun wieder ganz andere Vorstellungen, was Philosophie zu bringen hat. Philosophie muß hier auch noch schön sein und muß doch noch etwas Weises bringen. Es ist zwar ein antiquiertes Wort, das man nicht mehr so gerne benutzt, aber irgendwie soll das für Philosophie gelten, und sie soll nicht nur Wissenschaftstheorie sein. Mit solchen Ansprüchen sieht sich dann die ganze Zunft konfrontiert.

Für mich ist es so, daß es eine Befreiung war, aus der Universität rauszugehen, weil dort eben in meinem Sinne nicht Philosophie getrieben wird. Ich denke, Philosophie in einem ursprünglichen Sinne ist immer öffentlich, in dem Sinne, daß sie überall ist und daß sie überall getrieben werden kann. Deshalb kann ja heute auch jeder irgendeine philosophische Rede halten. Aber, ich denke, um in einem doch tieferen Sinne philosophisch zu sein, gehört das Sich-Aussetzen gegenüber den Nöten der jeweiligen Zeit. Das heißt eben nicht, irgendwo auf einem Katheder zu stehen und nichts anderes in seinem Leben gesehen zu haben als nur die Schulbank, sei es in Schule oder Universität, sondern rauszugehen, Vertrauen zu haben in die Menschen, die überall existieren, und da zu lernen, was möglicherweise die Not vermindern könnte. In diesem Sinne gibt es Zusammenhänge, warum in unserer Gesellschaft, die eben seit 3000 Jahren patriarchal geprägt ist, Philosophie im Grunde zur Sprache austrocknet und zu reinen Begrifflichkeiten, die nur noch so klappern, und wo man dahinterher joggen kann oder nicht, von Männern, die sich als Vernunftwesen verstehen wollen, die sich vergeistigen wollen und die nichts mit ihrem Körper zu tun haben wollen, die das Körperliche abschalten wollen. Die Bindung an – ich nenne es mal – archaisches Philosophieren ist immer eine Bindung an die eigene Empfindsamkeit, an den eigenen Leib, an die eigenen Gefühle. Hegel hat da etwas Richtiges gesagt: Ohne Leidenschaft geschieht nichts Großes, und ich denke, auch nicht in der Philosophie.

Zimmerli:
Herzlichen Dank! Es wird Sie vielleicht verwundern, aber ich entdecke viele Ähnlichkeiten zwischen Ihren Ausführungen und dem, was uns Hermann Lübbe während der letzten Tage vorgetragen hat. Er hat es allerdings nicht „Sophia“, sondern „Common sense“ genannt. Die Öffentlichkeit, das Allüberall-Vorhandensein der Philosophie in diesem Sinne wäre wahrscheinlich das, worüber kein Streit wäre. Insofern können wir nun getrost die Journalisten-Runde beginnen. Als erster Herr Heckel.

Heckel:
Meine sehr verehrten Damen und Herren, es folgt nun das Kontrastprogramm zu Frau Stopczyk, denn ich möchte beweisen, daß es doch noch Leute gibt, die keine philosophische Rede halten können. Ich gehöre dazu. Ich bin hier das unbeschriebene Blatt auf diesem hochkarätig besetzten Podium. Ich spiele die Rolle des fragenden Toren, was nicht heißen will, daß ich nicht selbst einer bin. Warum sitze ich dennoch hier? Nicht wegen der gelinden Ähnlichkeit meines Namens mit dem Hegels, sondern vermutlich ausschließlich wegen der vermeintlichen Einsichtsfähigkeit in die Tücken und Fallstricke des heutigen Themas, die ich mir in rund 35 Jahren in einem Beruf erworben habe, in dem tätig zu sein und auszuharren Hegel zwei Jahre als lang genug erschienen. Ich darf mich also nur auf die zweite Hälfte

dieses Begriffspaares Philosophie und Öffentlichkeit beschränken, weil ich glaube, hier einigermaßen kompetent zu sein.

Was ist Öffentlichkeit, meine Damen und Herren? Entsteht sie schon dort, wenn es im Vorlesungsverzeichnis heißt „Öffentliche Vorlesung“? Ich sehe Öffentlichkeit dort, wo etwas vor allen Leuten, vor aller Welt geschieht, auf dem Markt sozusagen, an dem früher ja nicht nur das Rathaus gestanden hat, sondern auch der Pranger, der dann gebraucht wurde, wenn es galt, jemanden öffentlich, also vor allen Leuten, als Missetäter, Sünder oder gar Verbrecher zur Schau und damit bloßzustellen. Aber – wie gesagt – am Marktplatz stand auch das Rathaus, in dem die öffentlichen Dinge tunlichst in öffentlicher Sitzung besprochen wurden. Damit wird bereits das Janusgesicht deutlich, das der Begriff „Öffentlichkeit“ hat. Einerseits das Bemühen, Transparenz bei der Erledigung der die Gesamtheit betreffenden öffentlichen Dinge, öffentlichen Angelegenheit, die res publica. Andererseits der Schaucharakter, der im Begriff Öffentlichkeit zum Teil eingeschlossen ist. Denken Sie nur an die öffentlichen Hinrichtungen etwa zur Zeit der Jakobinerherrschaft in Paris, oder an die öffentlichen Schauprozesse, wie sie heute noch in China stattfinden. Oder etwa an den sogenannten Hungermarsch, mit dem für Zehntausende von deutschen Soldaten 1945 die Kriegsgefangenschaft in Jugoslawien begann. Dieser Marsch – ich weiß das, weil ich ihn selbst mitgehen mußte – ist nicht etwa deshalb veranstaltet worden, um die Verlierer zu demütigen, sondern vorwiegend in der Absicht, dem eigenen Volk über die öffentliche Schau deutlich zu machen, wer jetzt Herr im Hause ist. Ich lege auf diese Feststellung insofern Wert, weil nach meiner Meinung auch in den Medien, die längst die Rolle des Marktes, des Marktplatzes im griechischen Sinne übernommen haben, diese Doppelgesichtigkeit von Öffentlichkeit sichtbar wird. Sie, die Medien, sind zugleich Schaubühne und moralische Anstalt, außerdem sind sie noch einiges mehr, von dem wir aber heute und hier nicht reden müssen.

Ein zweites: Öffentlichkeit ist – so sehe ich es – ein fortwährender Dialog, ein nicht abreißendes Gespräch, in dem die Meinung von Einzelpersonen und Gruppen unbehindert von staatlichen oder wirtschaftlichen Mächten ausgetauscht und erfahren werden kann und aus dem sich schließlich die öffentliche Meinung herausbildet: öffentliche Meinung als die vorherrschende oder durchschnittliche Ansicht der Mehrheit zu ganz bestimmten Angelegenheiten, in der Regel politischen. Um dieses Gespräch, so meine ich, geht es heute vor allem anderen, konkreter noch geht es darum, wie sich die Philosophie in diesem fortwährenden Gespräch einmischt, beteiligt und sich Gehör verschafft.

Eine winzige Betrachtung darf ich noch anfügen, nämlich über die Sprache der Philosophie. Wer miteinander sprechen will, muß die gleiche Sprache sprechen. Das gilt auch für die Philosophie, wenngleich der philosophische Laie nicht selten annehmen muß, sie habe eine eigene. Das stimmt natürlich nicht. Besser gesagt, das muß nicht stimmen, man denke nur an die beiden Vorträge von Prof. Hermann Lübbe gestern und vorgestern, die trotz ihres hohen Niveaus, ihres hohen Ranges, allen ernsthaft bemühten Zuhörern durchaus verständlich gewesen sind, gleich ob sie philosophisch vorgebildet sind oder nicht. Oder man lese, was ich sehr empfehle, in dem vom Fränkischen Tag herausgebrachten Bändchen über die Hegelwochen des vergangenen Jahres etwa den Vortrag von Prof. Gadamer nach, der sich übrigens genauso beeindruckend liest, wie er gehört worden ist. Seitenlang, seitenlang kein Fremdwort! Seitenlang reines Deutsch, gutes, ja bestes Deutsch, das zu bewundern auch gestern bei Ihrem Vortrag, Herr Lübbe, Gelegenheit war. Nun bin ich kein Eindeutscher von Fremdwortbegriffen, die Allgemeingut auch unserer Sprache geworden sind, obwohl ich dies in der Schule gelernt habe. Ich war Schüler eines sog. Deutschen Gymnasiums. Wenn Sie wissen wollen, zu welchen sprachlichen Monstern wir bei diesen Bemühungen fanden, darf ich ein Beispiel, ein ganz kurzes Beispiel erklären. Meiner Klasse war einmal die Aufgabe gestellt, ernsthaft übrigens, den Begriff „Sechszylinderexplosionsmotor“ einzudeutschen. Nach einer kompletten Deutschstunde kam dieses Wort heraus: „Sechstopfzerknalltreibling“. Also nicht eindeutschen, wo dies der allgemeinen Verständlichkeit wegen nicht nötig ist, aber Beharren auf Allgemeinverständlichkeit nach Maßgabe dessen, was dem durchschnittlich gebildeten Bürger zugemutet werden kann. Dieser durchschnittlich gebildete Bürger ist auch beispielsweise ein Kriterium bei der Bewertung von gebauter Ästhetik. Alle Medien, auch die ganz modernen, sind von ihrem Grundsatz her zur Allgemeinverständlichkeit verpflichtet. Die weitaus meisten Redaktionen bemühen sich deshalb zwar, eine möglichst intelligente Zeitung zu machen, aber auch die intelligenteste Zeitung darf kein Intelligenzblatt sein. Die Tageszeitung ist ein Medium für alle. Nur von daher bezieht sie ihre Chance zur hohen Auflage. Das mögen bitte auch die Philosophen zur Kenntnis nehmen. Was übrigens Stefan Wolf bei seinem Vorbericht zu Hermann Lübbes Vortrag „Fortschritt und Terror" gemacht hat, nämlich seinem Bericht ein Glossar beizufügen, in dem philosophische Begriffe erläutert werden, das finde ich legitim und vernünftig. Noch besser ist es indes, wenn man ohne auskommt. Das zunächst zum Procedere.

Zimmerli:
Herzlichen Dank. Ich traue mich natürlich jetzt kaum noch, das Wort „Philosophie" zu benutzen. Aber ich werde es bei Gelegenheit trotzdem noch mal riskieren. Also, Herr Steiner.

Steiner:
Meine Damen, meine Herren. Ich möchte drei Aspekte in meinem Statement ansprechen.

Der erste Aspekt, das ist ein kleiner Essay über das Anspruchsloseste an diesem Titel. Der Titel ist ja sehr gewaltig: Philosophie und Öffentlichkeit. Da haben wir uns ja sehr viel vorgenommen. Da dachte ich, daß diese Runde ausreichend tief die Begriffe ausleuchten wird, um die es hier geht, Philosophie und Öffentlichkeit. Also habe ich mir vorgenommen, nachdem ich schon das sprachlose Medium hier vertrete, mich mit dem „und" zu befassen. So möchte ich Ihnen etwas über das „und" vortragen in diesem gewaltigen Titel.

In einem zweiten kleinen Teil dieser Eröffnungsrunde möchte ich ein hypothetisches, aber mißlungenes Beispiel von Fernseh-Journalismus im alten Hellas aufgreifen, und zum Schluß will ich doch noch auf einige medienpolitische Rahmenbedingungen eingehen, nachdem Prof. Lübbe die philosophische Präsenz in den Medien so optimistisch dargestellt hat. Ich finde das sehr schön, daß man sie so darstellen kann, und will auch vielleicht dem Wort oder der Feststellung, daß Orientierungskrisen der Philosophie Konjunktur verschaffen, sehr zustimmen, aber doch die nachdenkliche Frage anfügen, welche wesentlichen Botschaften haben wir in den Medien? Das wäre der dritte Punkt, auf den ich eingehen möchte.

Also zunächst das „und". Eins und eins ist – falsch, na ja, gut, so lernen wir es jedenfalls in der Schule, das gehört zu unserem erwachenden Bewußtsein und sollte uns positivistisch und verhängnisvoll prägen. „Und" ist als reine Addition die banalste Form der Wortinterpretation, fördert lineares, eindimensionales Denken. Interpretieren wir „und" anders: Ein Mann u-n-d eine Frau, das gibt zwar zwei Menschen, aber sehr viel mehr an Spannung, vielleicht eine neue Einheit. Ein Atomkern und ein Atomkern, da ist auch was los. Das „und" läßt immer etwas Neues entstehen. In der Natur, in der menschlichen Beziehung. Ich rede nicht von Harmonie. In der Gesellschaft, der Öffentlichkeit, wo es um ethische Probleme geht, um kulturelle Vielfalt, sind die Antinomien spürbar. Dennoch, das „und" als Addition zu interpretieren, macht vermutlich den großen zivilisatorischen Erfolg des Abendlandes aus. Erziehungsprinzipien bei Pestalozzi, Leistungskontrolle im Schulsystem, Monokausalität, die rascher zur Erklärung führt und zu schnellem Erfolg – das hat uns vorangebracht.

Das „und" weiterhin als reine Addition zu verstehen, wäre jetzt, da sich die negativen Folgen einzustellen beginnen, vielleicht das Ende der westlichen Zivilisation. Weil die Mehrdimensionalität des Denkens behindert wird. Das Denken in Systemen haben wir nicht gelernt, und das habe ich gerade in Bamberg gesehen, daß wir das nicht gelernt haben, nämlich bei Dörner, der hat das eindrucksvoll simuliert. Wir lernen vielleicht in Ansätzen, mehrdimensional zu denken, aber es ist nicht in unserem evolutionären Programm drin. Es macht uns unendliche Schwierigkeiten, exponentiell zu denken und exponentielle Folgen abzuschätzen.

Philosophie und Öffentlichkeit: das „und“ hier additiv zu sehen, würde genau genommen bedeuten, daß das eine mit dem anderen a priori nichts zu tun hat. Daß man jetzt die Philosophen an die Öffentlichkeit heranträgt, und daß jene mit dieser Öffentlichkeit eigentlich nichts zu tun haben. Und die Öffentlichkeit bringt man deshalb den Philosophen näher.

Das scheint ein Fehlschluß zu sein, und so ist diese Veranstaltung auch nicht gemeint. Die Philosophie wird unter teleologischer Sicht zur Philosophie erst dadurch, daß die Öffentlichkeit hinzukommt. Philosophie verstehe ich hier nicht als Hausnummernschild eines philosophischen Instituts, sondern in Referenz an Hegel: Philosophie faßt ihre Zeit in Gedanken. Und ich würde Philosophie nicht so interpretieren wollen, daß es ein Sektor ist aus einem Kreis, ein Fach neben anderen Fächern. Oder wenn wir die Wissenschaft als Gehirn verstehen, dann ist vielleicht die Philosophie die Vernetzung in diesem Gehirn. Oder: Es gibt nicht nur das „know how“ einer jeden Wissenschaft, es gibt auch das „know what“, wie der frühe Kybernetiker Oswald Wiener einmal formulierte, das „know what“, das macht eigentlich die Philosophie aus. Und deshalb kann Philosophie eigentlich nur als integrierende Wissenschaft verstanden werden oder als Essenz der Wissenschaften, als Kern, oder als das, was Wissenschaften zusammenfaßt und zusammenhält. Und so würde ich mich der Interpretation anschließen, die Frau Stopczyk vorhin gebraucht hat.

Die Öffentlichkeit macht ja zwei Positionen aus: einmal die Öffentlichkeit, das sind die Leute, zum anderen die Öffentlichkeit als eine Befindlichkeit, als ein Zustand. Eine öffentliche Gerichtsverhandlung heißt nicht, daß Leute da sein müssen, sondern Öffentlichkeit bedeutet hier deren Möglichkeit: eine Verhandlung muß transparent sein. So ist, glaube ich, auch das Thema zu verstehen, das wir heute zu behandeln haben. Öffentlichkeit, das sind die Leute, das sind wir. Wie sind wir mit der Philosophie konfrontiert? Öffentlichkeit, das ist auch die Philosophie selbst. Wie ist sie für uns transparent und nachvollziehbar? So ist das „und“ Bedingung und Verpflichtung für die Philosophie u-n-d für die Öffentlichkeit. „Und“ ist wohl nur in der Algebra Addieren. Überall im Leben setzt das simple „und“

als Voraussetzung jeder Evolution eine Wechselwirkung in Gang!

2. Gedankensplitter:
Öffentlichkeit ist etwas sehr Flüchtiges, bewegt wie die Gesellschaft. Und diese Flüchtigkeit, die Öffentlichkeit als Flüchtigkeit, die Öffentlichkeit im Sinne der Veröffentlichung, wollen wir uns nun unter besonderer Berücksichtigung des Fernsehens im alten Hellas anschauen.

Hier meine These: Hätte Hellas schon TV gekannt und hätte Aristoteles ein Wissenschaftsmagazin im Fernsehen verantwortet, er wäre heute unbekannt. Erstens hätten ihn zu viele gesehen. Zweitens hätte die geistige Elite nicht eingeschaltet, weil sie sich der Diktatur des Programmschemas, dem zeitlichen Ablauf, nicht beugen wollte. Disponibilität des Buchs, der Zeitung, hätte trotz Video gefehlt. In den Kommunikationswissenschaften spricht man ja den Printmedien – und wir werden ja auf Lesekultur und Bildkultur sicher noch eingehen – insbesondere der Zeitung diese vier Merkmale zu: Aktualität, Periodizität, Publizität, Universalität. Da haben nun die Berliner Kommunikationswissenschaftler Dovifat und Eberhard formuliert: Es gibt ein 5. Merkmal. Die Disponibilität ist der entscheidende Vorzug der Printmedien gegenüber der Diktatur des Programmablaufs der elektronischen Medien. Wo sitzt die Philosophie im Tagesablauf des Menschen, der rezipiert? Philosophie durch oder trotz Medienflut?

Ja, warum hätte Aristoteles als Verantwortlicher für ein Fernsehmagazin die Nachwelt nicht erreicht? Das Fernsehen ist Massenkultur, die die Elite kaum anspricht und nur bedingt erreicht. Die Bilder hätten sich im nächtlichen Himmel Hellas' versendet, die Bilder im Archiv wären verblaßt, Aristoteles hätte vielleicht guten Hörfunk, aber schlechte Filme gemacht. Das behaupte ich jetzt einmal. Denn er hätte die Geduld mit seinen Vorgesetzten, mit den Bedenkenträgern, mit den Gremien angesichts seiner intellektuellen Potenz überhaupt nicht aufgebracht. Fernsehen als Mehrkanal-Medium – in erster Linie Bilder, in zweiter Linie Geräusche, in dritter Linie Musik, in vierter Linie Sprache, so kann man es fast formulieren – hätte auch mehr den

Künstler als den Rhetoriker gefordert. Und wenn Sie sich dann noch vorstellen, daß bei einer Fernsehsendung 50–60 Menschen bei der kleinsten bescheidensten Fassung mitwirken und man als Fernsehmacher mit sehr verschiedenen und ständig wechselnden Leuten zu tun hat, ob die aus der Technik kommen – Kamera, Ton, Licht, Cutter etc. –, ob das Verwalter sind, Studiobesatzungen, wer immer, Sie müssen sich stets auf sie einstellen, und es hätte Aristoteles daran gehindert, 99 % dessen zu sagen, was er gesagt hat. Sein klügerer Kollege Platon hätte bei gleichen Bezügen bei „Radio Attika" nur auf 75 % seiner Gedanken verzichten müssen. Während sich Aristoteles noch um Drehgenehmigung auf der Akropolis kümmern müßte, hätte Platon schon Boten befragt oder sonstwo recherchiert, jedenfalls beim Gastmahl liegend seine Bänder besprechen können – wie das Hörfunkjournalisten im Nobelhotel weit hinter der publizistischen Front mit Telefonen an die Welt genabelt so zu tun pflegen. Ja, Heraklit beim „Attischen Tag", der hätte natürlich mehr, als er wußte, veröffentlichen können. Soviel und sowenig zu den Unterschiedlichkeiten der Medien.

Schlußpunkt:
Der Flüchtigkeit des Fernsehens entspricht die Flüchtigkeit des Zuschauers und des Zuschauens. Einige Variablen sind anzusprechen, die sich hochschaukeln. Ende der 70er Jahre gab es bei uns eine Auswahl aus täglich 40 Stunden Fernsehprogramm. Elf Jahre später haben wir 400 Stunden pro Tag, die dem Zuschauer angeboten sind, doch die Nutzungszeit des Zuschauers ist ja nicht beliebig verlängerbar. Das reduziert die Chance eines Programms, auch gesehen zu werden, theoretisch um den Faktor 10. Ich sage theoretisch, weil es natürlich Sender gibt, die man öfter wählt und solche, die man nicht so oft einstellt. Aber so um den Faktor 10 wird herkömmliches Programm wohl reduziert sein, wenn noch mehr Programme kommen.

Die zweite Variable, die wir sehen müssen, ist die gezielte Programmauswahl. Die ist erschwert bei Vervielfachung. Dann gibt es eine weitere Variable. Das ist die Fernbedienung, so simpel sie ist. Man muß nicht mehr hingehen und umschalten, und das bringt etwas Viertes auf den Plan: den Kanalhüpfer. Die Selektionskriterien müssen sich diesem Phänomen stellen, sie müssen vom Programm bedacht werden, es muß also Sog durch Effekte erzeugen, es müssen andere Dinge in den Programmen angeboten werden, damit man auch denjenigen fassen kann, der nur kurz in ein Programm reinblickt. Diesen flüchtigen Fernsehzuschauer fassen! Das Fernsehen will vom Zuschauer nämlich das wichtigste, seine Zeit, seine kurze Zeit. Das sind derzeit zweieinhalb Stunden, die der Durchschnittserwachsene am Tag dem Fernsehprogramm widmet, bei den Kindern sind es eineinhalb Stunden, und es gibt neueste Untersuchungen, die sagen, die Leute sehen zwar fern, aber sie ärgern sich fürchterlich, daß sie es nicht geschafft haben, diesem Sog zu widerstehen. Ich möchte hier einfach einmal abbrechen und hoffe darauf, daß wir vielleicht den Punkt Lesekultur und sequentielles Denken, Bildkultur und was folgt im Denken aus dieser Bildkultur, vielleicht später wieder aufgreifen können.

Zimmerli:
Herzlichen Dank! Wir haben nun sozusagen einen ganzen Angebotsladen von möglichen Punkten, wo wir einsetzen könnten. Bevor ich das nun der Spontaneität des Podiums überlasse, würde ich allerdings gerne demjenigen, um den diese Hegelwochen 1991 sich ja drehen, die Möglichkeit geben, zunächst einmal in einem ersten Schritt zu reagieren. Wollen Sie, Herr Lübbe, zu irgendeinem der Voten etwas sagen?

Lübbe:
Am wenigsten konventionell war natürlich Frau Stopczyk. Auf ihr Votum möchte ich mich daher an erster Stelle beziehen. Sie kennen die Verfilmung von Thomas Manns Roman „Die Buddenbrooks“. Da gibt es die Szene, wo in Lübeck eine Revolution droht, die Menge zum Haus des Senators drängt, dieser schließlich herauskommt und fragt, was man denn wolle. Der Buddenbrooksche Hausknecht erklärt: „Wi willt 'ne Republik“, worauf der Senator erwidert: „Awer de hebt ji doch all!“ – Wie hier dem Senator mit der Republik, so ging es mir, Frau Stopczyk, mit Ihrer Forderung nach einer Orientierung der Philosophie an den Zwecken der Weisheit. Sie verlangen, daß die Philosophie endlich die Leiblichkeit des Menschen mitthematisiere. Ja gewiß

doch, so möchte ich bekräftigen und damit zugleich Herrn Zimmerli bestätigen, der Übereinstimmung zwischen uns beiden konstatierte. Aber wieso man, wie Sie sich ausgedrückt haben, dafür dreitausend Jahre europäischer Philosophie der Leiblichkeit fordern müsse, ist mir unerfindlich. Eine Philosophie der Leiblichkeit fordern Sie also! Awer de hebt we doch all, erwidere ich. Ich entstamme nicht zuletzt phänomenologischer Schule, und die Analyse der Leibgebundenheit auch noch unseres theoretischen Wirklichkeitsverhältnisses spielt doch in dieser Schule eine zentrale Rolle. Auch für die sogenannte positivistische Tradition gilt das. Ernst Machs Phänomenologie der Erkenntnispraxis, die zeigt, wie unser kognitives Wirklichkeitsverhältnis sich in Vorgängen der Selbstorganisation leibgebunden sinnlicher Wahrnehmungsakte herstellt, wäre dafür ein auch wirkungsgeschichtlich herausragendes Beispiel. Analog gilt auch für das Weisheits-Thema, daß es doch nicht jetzt erst entdeckt und auf die philosophische Tagesordnung gesetzt werden müßte. Zwar nicht seit dreitausend Jahren, aber doch seit mehr als zweitausenddreihundert Jahren gibt es die Nikomachische Ethik des Aristoteles, und es gibt keinen Weisheitslehrer, dem bis heute nicht in wesentlichen Teilen seiner Lehre lediglich zu wiederholen bliebe, was wir bereits bei Aristoteles lesen können.

Was soll also dieser Gestus der Entgegensetzung gegen „dreitausend Jahre europäischer Philosophie"? Mir kommt das so vor, als wenn einer hier im Saale aufstünde und sagte: Tausend Jahre Bamberg sind genug! Räumen wir es also ab, anstatt es mit denkmalpflegerischem Eifer zu konservieren, und setzen endlich Zeitgemäßes, weise und sinnenkultiviert, an die Stelle!

Mit Herrn Steiner stimme ich ganz und gar überein und fände aber, daß Aristoteles, wenn er unter den Bedingungen unserer Medienwelt gelebt hätte, gewiß ein Meister in der Nutzung der Medien für die Verbreitung seiner Philosophie gewesen wäre. So zu reden ist keineswegs inadäquat und dem Geist der Aristotelischen Philosophie zuwider. Immerhin ist ja Aristoteles unter anderem ein Lehrmeister der Rhetorik, deren Rolle in der literarischen und politischen Tradition Europas sich schlechterdings nicht überschätzen läßt. Rhetoriker, gewiß, waren die Philosophen auch vor Aristoteles schon, Platon vor allem, der zugleich die Rhetorik, wie man weiß, mit moralischem Verdikt belegt hat. Aristoteles war es dann, der aus der Rhetorik, die in ihrer literarischen Wendung Platon so meisterhaft beherrschte, eine lehrbare Kunst gemacht hat. Diese Kunst bedarf, wie ich meine, der Rehabilitierung, insbesondere in Deutschland, und ich wies schon darauf hin, daß diese Rehabilitierung gegenwärtig von deutschen Philosophen auch tatsächlich geleistet wird. Aus der Sophistik stammt die Charakteristik der Rhetorik als der Kunst, eine schwache Sache stark zu machen. Da sieht man es! – so erwidert der platonisierende Moralist und plädiert für die unverstellte nackte Wahrheit. Indessen: Die schwache Sache stark zu machen – das ist doch, unter anderem, die Sache des fachlich wie rhetorisch kompetenten Verteidigers, der dem Recht des kleinen und argumentativ hilflosen Mannes vor Gericht Geltung verschafft.

Zimmerli:
Herzlichen Dank! Die beiden Angesprochenen sollten, denke ich, die Möglichkeit zur Replik haben. Bitte, Frau Stopczyk.

Stopczyk:
Sie haben gesagt, die Philosophiegeschichte würde im breitesten Strome doch schon das alles hervorgebracht haben, was ich jetzt fordere. Und ich sage Ihnen erstmal einfach, das stimmt nicht. Das Problem ist: Philosophie – ich sage jetzt mal akademische Philosophie – ist ungefähr 3000 Jahre alt. Man kann sich streiten, ob sie mit Sokrates anfängt oder mit Platon. Deshalb ist es auch wichtig, denke ich, das ruhig mal zu akzeptieren, daß es größere Zeitspannen gibt, gerade wenn wir von Philosophie sprechen. Und nicht zufällig ist diese Philosophie oder überhaupt dieses Verschulte oder Akademische entstanden mit der historisch nachvollziehbaren Patriarchalisierung der Lebensverhältnisse, d.h. Vaterrecht, Eherecht usw. ist eingeführt, Polis ist eingeführt, der männliche Bürger ist eingeführt. Das lernen wir doch nun alle, und Sokrates hat es doch in den Texten von Platon vorgeführt; das erste, was wir in der angeblichen Philosophie lernen sollen, ist, unseren Geist vom Körper zu trennen. Und da können Sie mir nicht sagen, die ganze Philosophie hat

doch Ihnen das bitteschön schon alles hier gebracht, was kommen Sie jetzt her. Das Problem war, daß Philosophie bedeutete, den Geist vom Körper trennen zu können. Philosophieren heißt sterben lernen bei Sokrates, nicht leben lernen, nicht lieben lernen, sondern sich auf den Tod vorbereiten, auf das Nichtsein in der irdischen Inkarnation. Sie können das weiterverfolgen, Sie können nehmen, wen Sie wollen. Ich habe das vor zehn Jahren in meinem Buch „Was Philosophen über Frauen denken" thematisiert. Da ist ein Thema diese Negation der Eigenleiblichkeit, daß der Mann glaubt, er würde nicht mit seiner Erfahrung als Mann denken, sondern als Neutrum, als geistiges Sonstwie, als Wolke oder sonstwas. Das ist jetzt kein Witz, das hat ganz schwere Konsequenzen für den Mann selber, der denkt, weil der sich in einer Wahnsinnsillusion befindet und die Welt in diese Wahnsinnsillusion mitreißt. Und die Welt besteht aus mehr als nur diesen, die da grade denken und mathematisch ableiten oder so. Sie besteht aus allen Menschenkindern, Natur usw. Das ist ein großes Problem. Ich habe das verfolgt, ob Sie Hegel nehmen, ob Sie Kant nehmen. So Hegel: „Beim Denken muß dir Hören und Sehen vergehen", Kant, na gut, der macht auch was mit der Wahrnehmung, aber das sind die untersten Kategorien unserer Verstandestätigkeit, hat ja auch nichts mit Vernunft und der höheren Tätigkeit zu tun. Sie wissen doch, daß in der Philosophie alles das, was wir eigenleiblich überhaupt erfahren können, als minderwertig gilt. Das Höhere ist, wenn wir aus reinen Begriffen usw. daherklappern. Das ist nicht nur in der europäischen Kultur so, das ist auch in der asiatischen so, in den Meditationen soll man zum reinen Geist werden und bloß aus dem Körper raus und bloß nicht rein, da gibt es die gleiche Tendenz, und ich sehe das als Problem, und deshalb ist es für mich sehr ernsthaft; das Problem ist, daß durch diese Verneinung unserer Eigenleiblichkeit die Erde und das Leben verneint werden. Es wird verneint, daß wir als Lebewesen existieren, und das wird auch in der Philosophie gemacht, und allen voran Sokrates, Platon, Aristoteles und was noch weiter kommt. Ich habe wirklich lange gesucht, ich habe unheimlich viel gelesen, ich bin dafür berühmt-berüchtigt gewesen, ja, ich habe gesucht nach Philosophen, weil ich das nicht glauben konnte. Ich hab gedacht, das kann doch nicht sein, daß die so bescheuert sind, ich hab wirklich gesucht, ja, ich hab gesucht nach Philosophen, die

die Verbindung verstehen, die verstehen, daß nicht unser Geist denkt, sondern unser Körper denkt, die verstehen, daß wir auf Erden als leibliche Wesen existieren und das auch eigentlich nur Erkenntnismedium ist und gar nichts anderes. Ich hab nach denen gesucht. Ich hab sie nicht gefunden. Und die eine Linie ist, das zu zeigen, wie sie zu ihrer eigenleiblichen Form als Geschlechtswesen stehen, wenn dann meinetwegen Simmel kommt und sagt: der Mann führt seinen Leib bei sich wie ein Hündchen an der Leine, oder so, oder der Philosoph, ja, das ist die Art des Philosophen, mit dem Leib umzugehen, kontrolliert, selbstbeherrscht, als Soldat wie Sokrates, da wurde noch berühmt erzählt, wie er standhalten konnte und nicht in die Flucht geschlagen werden konnte, selbst als der Feind sich schon näherte usw., also diese Soldatenmentalität steckt auch dahinter, und das dann alles als Geistigkeit und als Philosophie zu verbraten, als Vernunft, ja, das ist für mich einfach zu viel jetzt, und ich denke, das ist 3000 Jahre bei uns passiert, das wird exportiert in die Entwicklungsländer jetzt, in die anderen Länder, auf die ganze Erde, alle versuchen sie jetzt, nicht nur Coca-Cola, sondern auch abendländisches Denken nachzumachen, und das ist für mich die Auflösung, ja, und deshalb denke ich, müssen wir 3000 Jahre in einer großen Spanne empfinden können. Das müssen Sie doch eigentlich wissen aus Ihrer Theorie her, daß eben diese kleinen Spannen, in denen wir gezwungen werden, heute zu empfinden, ja, von einer Aktion in die nächste usw., daß man anhalten muß. 3000 Jahre für die Weltgeschichte ist nichts, selbst das ist eine kleine Spanne. Und die können wir empfinden, die müssen wir empfinden, denke ich mir, um jetzt anderes zu bringen.

Zimmerli:
Herzlichen Dank! Ich glaube, wir sollten an dieser Stelle noch Herrn Steiner die Möglichkeit zu einer Replik einräumen, bevor wir dann noch einmal auf das Thema der Leiblichkeit zurückkommen. Ich selbst würde – habe ich mir gerade überlegt – auch noch auf Nietzsche verweisen, der natürlich nahe an dem liegt, was Sie fordern, Frau Stopczyk; vielleicht könnten wir uns darüber dann nachher noch unterhalten.

Steiner:
Ja, ich glaube auch meine Replik ist gar nicht so weit weg von dem, was eben gesagt wurde. Ich glaube, wir sollten da auch dran bleiben. Das Fernsehen ist nach meinem Verständnis ein sinnliches Medium, und deshalb hat es die Philosophie in diesem Medium schwer. Das Fernsehen ist ein emotionales Medium. Und deshalb hat es die aufgeklärte Philosophie in diesem Medium schwer. Von den Inhalten her wie auch von der Umsetzung her. Wenn Fernsehen Wissenschaft bringt, dann findet diese statt in technischen Sendungen, in naturwissenschaftlichen Sendungen mit ihren Laborberichten. Sie findet statt in Showform, z.B. in Knoff-hoff, eigentlich eine Hobbyform von Wissenschaft, Know-how ist angesagt. Und da meine ich schon, daß die Know-what-Sendungen im Fernsehen absolut unterrepräsentiert sind, vielleicht nicht zuletzt deshalb, weil die Gestaltungsmöglichkeiten begrenzt scheinen. Die Gehirnwindungen kann man nicht abfilmen, ich muß also die Metaphern suchen. Was man für einen Fernsehbericht braucht, ist rational und emotional gleichermaßen vorzugehen, beides gleich zu bewerten und damit die Leiblichkeit einzubringen. Ich will es an den Punkten zeigen, auf die bei der Journalistenausbildung Wert gelegt werden sollte! Daß man sich zunächst klar ist, was man sagen will. Die Struktur als rationale Komponente. Auch, was will einer vermitteln in den Hauptlernzielen, Sublernzielen. Aber dann kommt schon eine emotionale Komponente. Es ist der Rhythmus, ich muß mich dem Rhythmus des Zuschauers anpassen und zwar dem Tagesrhythmus, dem leiblichen Rhythmus des Zuschauers, wann kann der mich aufnehmen. Und ich muß auch diesen Stoff, den ich strukturiert habe, so strukturieren, in Rhythmus bringen, daß ich den Zuschauer entweder auf dem Boden stehen lasse, im Vierer-Rhythmus, wie der Musikwissenschaftler und Filmkomponist Norbert Schneider sagt, oder im Dreier-Rhythmus ihn schweben lasse. Das ist auf Schnittfolgen und auf Texte zu übertragen. Den Zustand, den ich mit dem Zuschauer erreichen will, muß ich bei Kenntnis der Manipulationsmöglichkeiten, die wir ausnutzen müssen, zu denen wir uns bekennen müssen und die wir dann dem Zuschauer öfter zu erklären haben, diesen Zustand kann man über die Emotionalität des Rhythmus, wenn überhaupt, erreichen. Wir müssen den Rhythmus finden, damit der Zuschauer seine ge-

spannte Aufmerksamkeit diesem Thema widmen kann. Das ist gegenüber der Rhetorik mehrdimensional. Wenn wir diesen Rhythmus nicht finden, dann sagen wir alles am Zuschauer vorbei. Und drittens ist Redundanz anzubieten. Das bedeutet in Bild-Wort-Ergänzung ein Mehr an Informationen anzubieten, damit die Kernaussage ankommt. Dieser Aspekt hat neben der rationalen Komponente wieder die emotionale, so wie ein Musikstück eben dann nur zum Schlager wird oder zur großen Symphonie, wenn bestimmte Leitmotive so oft wiederholt werden, bis man sie verinnerlicht hat. Und das vierte Kriterium, das ganz entscheidend ist und das auch viel mit Sinnlichkeit zu tun hat, das ist die Metaphorik. Da müssen wir auch an das Verständnis der Philosophen appellieren, daß sie bereit sind, in Gleichnissen zu sprechen. Daß sie bereit sind anzuerkennen, daß man in diesem Medium sein Publikum nur erreichen kann, wenn man metaphorische Sprache pflegt. Metaphorische Bildsprache. Das meinte ich übrigens auch mit Aristoteles als TV-Moderator.

Zimmerli:
Herzlichen Dank! Herr Heckel, Sie haben sich gemeldet?

Heckel:
Ich darf anknüpfen an das, was Herr Steiner sagte. Was erwarten sich die Medien von der Philosophie? Sie erwarten weniger das komplette philosophische System als die philosophische Antwort auf drängende Fragen unserer Zeit. Eine Art – verzeihen Sie das Wort – Gebrauchsphilosophie. Das setzt voraus, daß die Philosophie deutlich thematisiert, also nach Nägeln sucht, an denen sie ihre Beteiligung am Meinungsbildungsprozeß in der Öffentlichkeit aufhängen kann. Im Journalismus spricht man vom sogenannten „Aufhänger“. Dabei ist zu berücksichtigen, und das scheint mir sehr wichtig, daß die Medien zu etwas verpflichtet sind, das hier noch gar nicht angeklungen ist, nämlich zur Aktualität. Das heißt, daß der in der Öffentlichkeit zu leistende Beitrag der Philosophie auch aktuell sein sollte. Eine Momentaufnahme mit Tiefenschärfe. Gefragt ist der auf eine ganz bestimmte Aussage hin konzipierte Beitrag, also die Kür-

ze, die Verdichtung zur Formel und zur These, dies bis an die Grenze dessen, was wir den Terror der Vereinfachung nennen. Angesichts der Tatsache, daß sich das Wissen der Menschheit, so sagt man uns, derzeit alle fünf Jahre verdoppelt, haben wir weder Platz noch Zeit für Randbemerkungen. In diesem Zusammenhang sei mir ein Vorschlag gestattet, die künftigen Hegelwochen dadurch zu straffen, daß man die drei Träger aus ihren Verpflichtungen entläßt, alle Jahre wieder ein Grußwort zu sprechen. Und dies vor einem Publikum, das vor allem gekommen ist, „seinen“ Philosophen zu hören. Es würde genügen, aus den drei Grußwortadressen e i n e zu machen und sie alternierend zu vergeben. Ein weiteres Phänomen darf ich noch kurz ansprechen. Ihnen, meine Damen und Herren, ist sicher längst aufgefallen, daß in der täglichen Berichterstattung nicht selten der Eindruck entstehen kann, als sei das Anomale eigentlich das Normale! Von Harmonien schreibt mit Ausnahme der Musikkritiker kein Mensch. Wo aber Disharmonien anklingen, wo Streit entsteht, wo Abweichungen zu beobachten sind, dort spitzt man Feder und Ohren. Philosophie in der Öffentlichkeit tut also, so meine ich, wenn sie gehört werden will, gut daran, zumindest gelegentlich zu provozieren, vielleicht sogar zu schocken. Ein allerletztes in diesem Zusammenhang: Raus aus dem Elfenbeinturm, das stammt nicht von mir, das hat Herr Zimmerli gesagt, bedeutet auch: runter von den hohen Podien. Das sagt einer, der auf einem solchen hohen Podium sitzt. Auf dem griechischen Markt, der Agora, wurde nicht in der Distanz diskutiert, sondern quasi von Mann zu Mann, mit Leidenschaft, Ironie, auch mit Sarkasmus und wie uns Kenner versichern, auch mit Lautstärke. Wenn ich mich recht erinnere, steigt man auch beim Durchstreifen der Athener Altstadt nicht zur Agora hinauf, sondern in sie hinab. Eine Richtung, die ich für die Philosophie der neuen Bürgerlichkeit durchaus empfehlenswert finde. Die Philosophie kommt zum Bürger, und der Bürger kommt ihr entgegen, weil er weiß, daß der Erklärungsbedarf für die Phänomene unserer Zeit größer ist als zu anderen Zeiten vorher.

Zimmerli:
Auch hierfür herzlichen Dank! Die Anregung wurde, wie ich mindestens an dem begeisterten Applaus eines der Grußwort-

Redenden gesehen habe, bereits dankbar aufgenommen; wir werden also das nächste Mal Heckels verkürzte Hegelwocheneröffnung feiern. Wir haben jetzt zwei Themenkreise angesprochen, und ich denke, wir sollten auf einer der zwei Schienen zunächst etwas weiterfahren. Ich glaube, es wäre ganz interessant, wenn wir schon die Chance haben, hier Vertreter der zwei verschiedenen Sorten von Medien bei uns zu haben, das Thema Leiblichkeitsphilosophie auf die Rolle der Medien zu beziehen. Deswegen würde ich gerne Frau Stopczyk nochmals fragen, ob sie zu dieser Frage nach dem Verhältnis von Philosophie und Medien eine spezifische Ansicht hat, die hier noch nicht geäußert worden ist. Ich selbst würde mir allerdings erlauben, in Befolgung des Ratschlages von Herrn Heckel, vorher etwas Provozierendes zu sagen, anders: etwas Selbstverständliches, was aber vielleicht provozierend wirkt: Aus langjähriger Erfahrung („langjährig" heißt in meinem Falle 20 Jahre) im Umgang mit Medien, Printmedien hauptsächlich, Radio und Fernsehen, kann ich sagen, was ich mir von den Medienleuten wünschte. Ich wünschte mir, daß sie ihr Publikum nicht immer für so – Verzeihung! – saublöd halten, wie sie's tun. Daß sie nicht immer von dem sogenannten Mann auf der Straße und der „durchschnittlichen" Hausfrau ausgehen. Den Normalleser und Normalkonsumenten gibt es nicht! Wir haben eine so große Programm- und eine Printmedienvielfalt, daß jeder sich das auslesen kann, was ihm paßt: Wenn einer den Fränkischen Tag kauft, weil das Feuilleton so gut ist, um so besser! Dann darf es eben auch wirklich gut sein. Es gibt Paradebeispiele. Ich nenne Ihnen aus vollem nationalen Stolz die Neue Zürcher Zeitung. Der Welt meistgelesene Fachzeitschrift. Eine Zeitung, in der Sie Fachartikel von höchstem Niveau und Anspruch finden, die weltweit gelesen werden. Warum? Weil man weiß: Wenn man die Neue Zürcher Zeitung kauft, kauft man sie deswegen. Das heißt, nicht jeder Konsument ist gleich. Und deswegen meine Aufforderung an die Journalisten: Wagen Sie es doch mal! Ich habe einmal eine Fernsehsendung mit Hans Jonas und Carl-Friedrich von Weizsäcker zusammen gemacht. Da haben wir als erstes dem Fernsehredakteur, der diese Sendung moderierte, gesagt: Wenn Sie uns verpflichten wollen, in 20-Sekunden-Statements zu sprechen, dann suchen Sie sich ein paar Schauspieler, die filmerfahren sind, aber dann erwarten Sie nicht, daß wir mitspielen! Wir haben uns ausbedungen, so lange reden zu dürfen, wie wir wollen. Es ist ein, wie ich unbescheiden sagen muß, wunderbar nachdenkliches Gespräch geworden, das mehrfach ausgestrahlt worden ist und das die Zuschauer geschätzt haben. Warum? Nun, weil sie einmal nicht für dumm verkauft wurden und immer nur solche Kurzsequenzen sehen mußten, sondern sich eine Stunde hinsetzen und mit zusehen und -hören konnten, wie da gedacht wurde. Das kann man zeigen, das kann man machen. Wagen Sie es einmal!

Stopczyk:
Ja also, ich möchte dazu persönlich sagen, ich habe Erfahrung im Fernsehen, im Rundfunk und auch als Schreibende, und ganz persönlich ist es bei mir eben so, ich kann am besten schreiben. Und das bin ich halt, das ist mein Schicksal. Also, wenn ich schreibe, dann hab ich einfach das Gefühl, daß ich genau sein kann, und dann kann ich so genau sein, wie ich innerlich auch bin. Wenn ich spreche, werde ich schon gröber und wenn ich fürs Fernsehen, fürs Bild arbeiten soll, so lange ich selbst auftrete, bin ich halt so fein-grob, wie es geht, aber wenn ich mir Bilder vorstellen soll, bin ich schlecht. Und das, obwohl von meinem leibphilosophischen Ansatz her ich eigentlich die Einbildungskraft stärken möchte. Die Kraft unseres eigenen Vermögens, uns Bilder vorzustellen, ist ja eine Gegenkraft, mit der wir arbeiten können, wenn wir von Begriffen überflutet sind. Und das ist was anderes als Begriffskraft. Und dann hab ich mir gedacht: eigentlich wunderschön, eigentlich leben wir doch in einer Zeit der Bilder, überall Fernsehen, überall Reklame, wo man hinguckt, Bilder, Bilder, da wird man ja total verrückt von, und das ist genau das Problem. Die Einbildungskraft heute ist geringer als zu einer Zeit, in der es weniger Bilder gab. Und das hat etwas damit zu tun, daß die Bilder weglaufen. Ich hab das an meinem kleinen Sohn gesehen, der hat, als ich mit ihm zum ersten Mal Fernsehn guckte, der hat geschrien, weil die Bilder wegliefen, weil das, was er gerne sehen wollte, das Känguruh, ist weggelaufen, aus diesem Fernsehen raus. Der Film war noch von Walt Disney, „Die Wüste lebt"; ich hab gedacht, so ein schöner Film, und der war verzweifelt, weil im Buch kann er sich das umschlagen und solange ein Bild angucken, wie er

will. Und er kann sie nochmal und nochmal und nochmal angucken, und er kann sie sogar anmalen, und er kann sonstwas damit machen. Und im Fernsehen läuft es weg. Die Konsequenz davon ist aber trotzdem für mich jetzt nicht, zu sagen: Fernsehen auf den Scheiterhaufen! Obwohl das ist ja so paradox, wir haben eine starke Begriffswelt, die Begriffe eigentlich kaum noch empfindet, sondern nur noch so nachplappert und nacherzählt, und wir leben in einer starken Bilderwelt, die uns überflutet. Also wir haben eigentlich die beiden Medien, von denen ich denke, daß wir sie brauchen, aber wir haben sie beide in sehr mangelhafter Form. Und wenn ich z.B. einen Film machen würde, würde ich das so nach alten chinesischen Malermeistern versuchen, mir das vorzustellen, daß das langsame Gucken wiederkommt. Und das kann ja ruhig auch mit Film passieren, obwohl ich eigentlich gegen Technik bin usw., ich mag aber auch nicht so dogmatisch sein, ich meine, es gibt ja auch schöne Filme und das wäre einfach, wenn wir z.B. Philosophisches aussagen wollen, denke ich, muß es nicht nur in Sprache sein. Philosophie kann auch bildlich ausgedrückt werden, Philologie allerdings nicht. Philologie ist angewiesen auf Sprache. Philologie lebt von den Begriffen, während Philosophie noch anders gemacht werden kann. Und das ist ein Experiment, das ich im Moment selber mache, und ich versuche eben auch an einem Film, an dem ich arbeite, zu gucken, wie das geht. Ob Nachdenken, ob eigenleibliches Einbildungsvermögen, das sich später im Begriffsvermögen umsetzt, ob das mit Bildern möglich ist. Ich weiß es nicht, aber ich möchte es eigentlich nicht wegwerfen, ich meine, wir können ja nicht so werden wie vor 3000 Jahren, und darum geht es ja nicht.

Zimmerli:
Herzlichen Dank! Bitte, Herr Lübbe:

Lübbe:
Frau Stopczyk, ich stimme – das möchte ich noch einmal ausdrücklich sagen – mit Ihren Intentionen überein. Indessen: Was Sie geltend machen, ist doch philosophiehistorisch bereits eines der ganz großen Themen des 18. Jahrhunderts gewesen und

dort kulturell bis in die Gegenwart hinein wirksam durchgesetzt worden. Das 18. Jahrhundert ist das Jahrhundert der nicht zuletzt mit den Mitteln der Philosophie betriebenen Rehabilitierung der, wie man in der Tat früher sagte, „niederen" Erkenntnisvermögen, der Phantasie und der Wahrnehmung.

Zwischenruf von Frau Stopczyk:
. . . der Vernunft, der Vernunftaufklärung!

Lübbe:
Auch das! Aber das ist es eben: Die Epoche der Aufklärung ist nicht nur die Epoche der Vernunftphilosophie, die ja auch eine Kritik der Vernunft einschließt. Das Aufklärungszeitalter hat uns zugleich die Ästhetik beschert, und die Ästhetik – das ist doch nichts anderes als die Theorie der Leistung der emanzipierten Sinne. Die philosophische Ästhetik ist die Theorie der Sinneskultur und damit zugleich der Kunst als des Mediums dieser Kultur. Das ist nicht folgenlos geblieben. Ästhetische Erfahrungen sind, als kultivierte Erfahrungen, im Kontext der modernen Zivilisation zu Gemeinerfahrungen geworden. Kunst ist omnipräsent, und nicht der Mangel an Gelegenheit, Erfahrungen mit der Kunst zu machen, ist unser Problem, sondern die Überforderung unserer Selektionskompetenz für einen kultivierten Umgang mit der Fülle des Guten, das uns heute ästhetisch geboten wird.

Aus analogen Gründen muß man auch einer sehr populär gewordenen Medienkritik widersprechen, die da behauptet, in unseren medial omnipräsenten Bildwelten versande die Phantasie. Gewiß kann man einige Individuen identifizieren und auch die Gruppen, in denen sie sich in disproportionaler Häufigkeit finden, auf die die Diagnose vom elektronisch bewirkten Exitus der Phantasie zutreffen mag. Aber der gewöhnliche Fall ist das keineswegs. Gewöhnlich ist vielmehr eine historisch beispiellose Nutzung der Freiheit zur Selbstbestimmung, die wir unter Bedingungen einer gleichfalls historisch beispiellos gewordenen Produktivität unserer technisch instrumentierten Arbeit heute in Anspruch zu nehmen vermögen. Diese Selbstbestimmung im Rahmen expandierender Zeitfreiräume schließt auch mannigfache Formen ästhetischer Alltagskultur ein. Niemals gab es so viele Trios und Quartetts in Kammermusikkreisen wie heute. Der Erfolg der sogenannten naiven Malerei beflügelt unsere Laienmaler. Originale und nicht nur Kunstdrucke hängen heute in zahllosen Studentinnenzimmern. „Kreativität" ist geradezu zum Schlagwort geworden, und die Praxis der Einübung in sie läßt sich überall beobachten – von unseren einschlägigen Volkshochschulkursen bis hin zu den Selbsthilfegruppen unserer Kirchengemeinden. Man erkennt: Die pessimistische These, wir hätten eine Kulturrevolution nötig, die endlich den Schutt von dreitausend Jahren sinnenfeindlich-rationaler philosophischer Überlieferung beiseite räumt, ist ihrerseits nur eine marginale intellektuelle Variante im reichen Pluralismus unserer Gegenwartskultur einschließlich ihrer philosophischen Komponente. Der im übrigen ganz folgenlose kulturrevolutionäre Gestus spricht natürlich unsere Emotionalität an; das ist schon in seinen provokativen Gehalten beifallsträchtig und in der Erwartung solchen Beifalls mediengeprägt. Im Kontrast dazu mag man abermals die Medien verteidigen, indem man mit Herrn Zimmerli darauf aufmerksam macht, daß die Vergegenwärtigung des Sinns der Nachdenklichkeit, der Ruhe und der argumentativen Sorgfalt doch auch durch die Medien geschieht. In den Aula-Sendungen des Südwestfunks wird allsonntäglich dem Publikum eine volle akademische Vorlesungsstunde geboten, bei denen Wissenschaftler, Philosophen, Künstler zu Wort kommen. Gewiß ist die Einschaltquote hier relativ klein, aber doch erheblich in Relation zur Zahl der Leser philosophischer und wissenschaftlicher Fachliteratur. Gelingen solche Wortsendungen, so gelingen sie, weil es rhetorisch begabten und in der Sache, die sie zu vertreten haben, glaubwürdig wirkenden, also auch unsere Emotionalität berührenden Intellektuellen gelingt, ihr Publikum zu fesseln, in Nachdenklichkeit zu versetzen und zu anderen, neuen Sichtweisen zu befreien. – Kurz: Die Dinge stehen in Wirklichkeit weniger schlecht als das in Frau Stopczyks Beschreibung sich darstellt, und die kulturrevolutionäre Liquidation von dreitausend Jahren europäischer Philosophie ist vielleicht doch nicht nötig.

Zimmerli:
So sehr es mich aus diskussionsstrategischen, nein: eher diskussionstaktischen Gründen reizen würde, den hier sich abzeichnenden Infight nun weiter anzustacheln, möchte ich trotzdem zunächst Herrn Steiner, der sich schon lange gemeldet hat, das Wort geben:

Steiner:
Ich möchte aber nicht blockieren, wenn Frau Stopczyk unmittelbar antworten will.

Stopczyk:
Ich möchte noch etwas sagen. Das, was heute mit Sinnlichkeit gemeint ist oder was Sie meinen mit Kunst, mit Ästhetik, das ist schon alles verkrüppelt. Das sage ich so hart. Das ist schon unsere verkrüppelte Sinnlichkeit. Und ich habe etwas ganz anderes im Sinn, wenn ich von einer anderen Leibsensibilität spreche. Nicht daß wir mal malen, daß wir uns Konzerte anhören oder so, sondern daß wir mit unserem eigenen Körper empfinden können, was das Andere ist. Dazu gehört Einfühlungsvermögen, Einbildungsvermögen, das sind Dinge, die in esoterische Bereiche gehen. Da hat Hegel recht: Philosophie ist auch etwas Esoterisches. Zum Beispiel gibt es in Rußland sehr viele Leute, die noch hellsehen können, die einfach andere eigene Kräfte haben, die Heilkräfte in den Händen haben, die einfach körperlich noch anders sensibilisiert sind als wir, und das, was sich heute Kunst nennt, diese ganze Individualkunst, wo jemand meint, aus dem originären Geniegeist etwas zu schaffen, ist ja nur ein Resultat dieser Vernunft-Geist-Trennung, daß die Vernunft eben meint, jetzt müssen wir auch noch das Individuum haben, um da irgendein bißchen Sinnlichkeit, damit es bloß nicht abrutscht, auch noch zu halten. Das sind ja die Gesetze der Ästhetik usw. Wir kennen das ja alles. Es geht viel tiefer. Es geht um menschliches Vermögen, Erkenntnisvermögen, die unsere eigene Intelligenz betreffen. Kunst ist ja lächerlich, das ist ja Luxus heutzutage. Das macht ja niemand wirklich ernsthaft. Das wissen Sie selbst. Sie hat auch nicht diese Ernsthaftigkeit in dieser Zivilisation, Kunst ist auch kein

Ersatz dafür. Es geht um etwas anderes, es geht um die Wiedererfahrung des eigenleiblichen Spürvermögens. Es ist sehr schwierig für mich, das jetzt klarzumachen. Ich schreibe darüber zwei Bände, zeige das auch historisch auf usw., aber auf keinen Fall ist Kunst oder das bißchen Sinnlichkeit, wovon wir reden, schon das, was herausführen kann, was eine Alternative ist. Das ist für mich schon Verkrüppelung.

Zimmerli:
Ein gewisses philosophiehistorisches Argument, Frau Stopczyk, haben Sie natürlich für sich, wenn Sie darauf hinweisen, daß bei dem erwähnten Baumgarten, der die Ästhetik als Wissenschaft der sinnlichen Erkenntnis einführt, diese als analogon rationis verstanden wird, d.h. der sensus aestheticus, der ästhetische Sinn, ist explizit von der zu Recht angezogenen historischen Epoche der Aufklärung und ihrer Begründung der Ästhetik als ein nach Analogie der Vernunft gebautes Prinzip verstanden worden, und daher erklärt sich dann auch, wie Sie mit Recht sagen, die Regel- und Gesetzesartigkeit, nach der diese Bücher aufgebaut sind. Also insofern ist da schon etwas dran, würde ich vermuten.
Herr Steiner, darf ich Sie jetzt bitten?

Steiner:
Ich würde dem, was Herr Zimmerli vorhin gesagt hat, nicht nur zustimmen, ich möchte sogar sagen: Das, was er formuliert hat – den Zuschauer doch nicht zu unterschätzen –, das ist ja gerade unsere Argumentation in unseren eigenen Häusern gegenüber unseren Programmverantwortlichen. Schauen Sie, und das ist natürlich jetzt eine interne Aussage, die ich da mache. Sie müssen das wirklich so sehen, daß die Programmbedingungen ja erst einmal von außen kommen. Da gibt es immer mehr Programme, und da muß sich aber auch ein Sender behaupten. Ist nun die Einschaltquote das, was er unbedingt braucht? Ich muß Ihnen sagen: ja, ein Sender braucht Einschaltquoten. Und wir brauchen die breite Unterhaltung und die platte Unterhaltung – ob sie so platt sein muß, wie sie ist, das ist eine andere Frage. Aber Tatsache ist, daß die Politiker, insbesondere die Juristen

und die Ökonomen, in Verkennung der Tatsache, was eine Medienbotschaft ist, diese Medienbotschaft behandelt haben wie eine Ware und gesagt haben: Da gehen wir auf den Markt. In der Konkurrenz wird ein Produkt billiger und besser. Aber die Medienbotschaft hat eine Doppelnatur: Geist und Geld. In Beachtung dieser Doppelnatur hätte man sich kommunikationspolitisch geschickter verhalten können und hätte nicht die Schleusen so aufmachen müssen. Das Produkt Botschaft ist nicht besser geworden: Im Gegenteil, nun haben wir die Situation, daß sich eine Niveauspirale dreht, und ich hoffe darauf, daß die irgendwann unten aufsitzt, damit es oben wieder angeht. Das sind ökonomische Randbedingungen. Wir in den Sendern versuchen, dagegen anzuargumentieren, und senden immer wieder auch für qualifizierte Minderheiten. Allerdings sollte Fernsehen als Fernsehen eingesetzt sein. Herr Lübbe sprach von einem Versuch, eine Vorlesung im Fernsehen am Sonntagvormittag anzubieten. Da handelt es sich um nicht meßbare Einschaltquoten. In dem normalen Programm, das wir auch anbieten wollen, um 8 Uhr, 9 Uhr abends, da müssen wir in der Tat Mut zum qualifizierten Programm haben, wir müssen den Zuschauer hochschätzen und dürfen ihn nicht dauernd unterschätzen. Wir müssen auch ein Mißverständnis im Bereich der Aktualität, das auch eine zentrale philosophische Frage darstellt, vermeiden: das Mißverständnis, daß aktuell ist, was heute passiert. Das Programm ist ja eine Einheit, und der Zuschauer seziert ja nicht das Programm nach Sparten. Er nimmt die Nachrichten wahr, und angeboten wird ihm halt das, was heute passiert. Aber eigentlich müßte hier zentral philosophisch angedacht werden: Was ist aktuell? Das, was heute wichtig ist. Und was ist heute für uns wichtig? Von daher müßte man auch im aktuellen Bereich anfangen zu denken. Man müßte vielleicht auch im Unterhaltungsbereich, mitten in die Unterhaltung hinein, eine philosophische Komponente setzen. Ich tue mich schwer mit einem rein wissenschaftlichen Programm. Wir müssen heute die Möglichkeiten der Camouflage nützen. Jedenfalls meine ich, daß man die Möglichkeiten des Mediums nutzen muß für Botschaften, die heute wichtig sind. Wir müssen auch anerkennen, daß es Rahmenbedingungen gibt, die von der Kommunikationslandschaft hergestellt werden und die auch von der Haushierarchie nach außen auf irgendeine Weise vertreten werden müssen. Aber ich kann mir vorstellen, daß wir mit mehr Einfallsreichtum – bezogen auf das Gesamtprogramm – auch der Philosophie in diesem Programm mehr Geltung verschaffen können.

Zimmerli:
Herzlichen Dank! Ich möchte gerne diesen Zusammenhang dadurch abschließen, daß ich Herrn Heckel bitte, das von seiten der Zeitung nochmals aufzugreifen, damit wir dann zum nächsten Punkt fortschreiten können. Ich möchte nur an dieser Stelle noch folgendes zu bedenken geben: Wenn wir uns überlegen, daß wir vermutlich in Zukunft – und mit „Zukunft" meine ich in den nächsten zehn Jahren –, ein Vielfaches an Fernsehanbietern in Europa haben werden, gemessen an dem, was wir heute haben, dann wird die Vorstellung sichtlich obsolet, daß e i n Anbieter alles anbieten können müsse. Das heißt, es kann dann durchaus mal einen Sender geben, der sich den Luxus erlauben kann, „nur" Philosophiesender oder Nachdenklichkeitssender oder was auch immer zu sein, den man dann einschaltet, wenn man der Aktualität der anderen Sender überdrüssig ist.

Steiner:
Ich bin ganz sicher, daß das kommt.

Lübbe:
Ich möchte gern noch, bevor Herr Heckel das Wort ergreift, mich noch mit einem kleinen Votum auf ein Argument von Herrn Heckel zurückbeziehen, das bislang noch gar nicht erörtert worden ist. Herr Heckel kann das in seinem Votum dann vielleicht aufnehmen. Herr Heckel hatte ja unter lebhaftem Beifall des Publikums den Vorschlag gemacht, daß man bei künftigen Hegelwochen in ferneren Jahren auf das heuer noch einmal praktizierte Inaugurationsritual der mannigfachen Begrüßungsreden verzichten solle.

Ich möchte insoweit eine kleine Gegenrede halten. Ich plädiere also ausdrücklich für die Beibehaltung des Rituals der Begrüßungsreden. Es ist zwar in unserer Gegenwart populär geworden, auf alles Rituelle und Zeremonielle zu verzichten. Kulturrevolutionäre aller Lager und Klassen tun sich als Ritenstürmer hervor. Zumal in der akademischen Welt war das über einige Jahre hin beobachtbar. Das Resultat solcher ritenstürmerischen Aktivitäten war regelmäßig, daß die Kommunikation erschwert wurde. Kommunikation ereignet sich ja nicht einfach spontan. Es will vielmehr kulturell erlernt werden, sich auf sie einzulassen. Man ist auf kulturell geprägte Formen der Kontaktaufnahme angewiesen. Sonst findet man sich in Situationen der Verlegenheit wieder, deren Komplement Roheit und Aggressivität sind. Das Plädoyer für Inaugurationsriten bei Kongressen, auch philosophischen Kongressen, überträgt das ins Institutionelle. Bei Kongressen und auch bei den Bamberger Hegelwochen haben doch die fraglichen Eröffnungsriten die Bedeutung, sich klarzumachen, wieviel außerhalb der akademischen Räume bereits geleistet und getan sein muß, damit dann innerhalb der akademischen Räume die Philosophen das Wort ergreifen können. Und an die Institutionen, die bis zur Bereitstellung der benötigten finanziellen Mittel hin längst tätig geworden sein müssen, bevor eine Hegelwoche eröffnet werden kann, wendet sich doch der Eröffner – in diesem Falle also Herr Zimmerli – mit seinen Dankadressen, und die Repräsentanten der Institutionen, die von der Musik bis zu den Tagungsräumen kulturelle und materielle Rahmenbedingungen zur Verfügung stellen, erwidern, bekunden ihr tätiges Interesse, ohne das hier überhaupt nichts stattfände, und sie machen eben darin diese Zusammenhänge sichtbar. Daher also mein energisches und nachdrückliches Plädoyer für die Konservierung des Riten-Teils der Bamberger Hegelwochen.

Heckel:
Meine Damen und Herren, ich habe nicht gegen die Rituale an sich gesprochen, sondern nur über die Proportionalität. Darauf kommt es mir an, auf das Maßhalten. Ich hatte ausdrücklich gesagt, es wäre nach meiner Auffassung – und dazu stehe ich – vernünftig, sie zusammenzufassen. Und ich weiß mich sogar einig mit den Rednern. Ich habe auch kein Wort gesagt gegen das Haydn-Quartett, das wirklich ganz hervorragend gespielt hat.

Dann vielleicht noch eins: Herr Zimmerli, Sie fordern die Journalisten auf, ihr Publikum, ihre Leser, ihre Hörerschaft nicht zu unterschätzen. Ich kenne diesen Aufruf. Ich darf dazu nur eines sagen: Im Prinzip geschieht das nicht. Aber Sie dürfen nicht das Beispiel der Zürcher Zeitung generalisieren, deswegen gibt es nämlich nur eine Zürcher Zeitung. Gehen Sie bitte auch davon aus, daß es relativ einfach ist, eine gescheite Zeitung für eine Minderheit zu machen, daß es aber eine sehr, sehr schwierige Gratwanderung darstellt, eine Zeitung zu machen, die ja ein Kosmos ist, die ja alles, was auf der Welt geschieht, behandeln will, sie hat keine Abgrenzungen, sie ist kein Fachblatt, sie muß alles, was in der Welt geschieht, in sich aufnehmen und muß es interpretieren, weitergeben. Es ist also sehr, sehr schwer, eine Zeitung zu machen die, wie soll ich sagen, einen höchstmöglichen Grad von Lesbarkeit findet.

Zimmerli:
Herzlichen Dank, Herr Heckel! Sie erinnern sich: Die Frage, die ich am Anfang in diesem Kontext gestellt habe, war, ob das, was wir in diesem Zusammenhang der Medienöffentlichkeit der Philosophie jetzt diskutieren, vielleicht meine These bestätige, daß wir eine besonders gute Chance zur neuen Bürgerlichkeit der Philosophie in kleineren Kreisen, in kleineren Städten und kleineren Regionen hätten. Ich glaube, was Sie jetzt sagen, bedeutet: Wenn wir die Philosophie in den Medien transportieren wollen, dann müssen wir gerade dort, wo wir multifunktionale Zeitungen haben, die also für verschiedene Zwecke da sind und außerdem für verschiedene Gruppen von Lesern da sein müssen, stärker differenzieren. Meine Konsequenz daraus wäre: Jawohl, in der Tat müssen wir stärker differenzieren, z.B. müssen wir das bisher vorhandene und ja qualitativ durchaus ansehnliche Programm an Geisteswissenschaften und Philosophie im Fränkischen Tag noch weiter ausfächern. Nicht nur die Philosophie, um Gottes willen, nein: auch die anderen geisteswissenschaftlichen, vorwiegend inneruniversitären Disziplinen sollten sich daran aktiv beteiligen. Ich glaube, ein gutes „give and take“ zwischen Universität und Zeitung könnte hier auf jeden Fall für beide Seiten förderlich sein.

So, meine Damen und Herren, jetzt haben wir Sie vom Podium herab andiskutiert. Ich glaube, es wäre jetzt sinnvoll, die Diskussion zu öffnen. Sie haben gesehen, es sind hier hauptsächlich zwei Themenkreise angesprochen worden, nämlich einerseits die Frage: Muß die Philosophie, wenn sie öffentlich sein soll, sich selbst im Kern ändern? Eine These, die vor allem von Frau Stopczyk vertreten worden ist. Und andererseits die Frage: Was muß denn Philosophie, wenn sie, so wie sie jetzt ist, in die Medienöffentlichkeit gehen soll, tun bzw. unterlassen, und was können die Medien dazu beitragen? Vielleicht haben Sie noch eine Ergänzung dieser Palette an Fragestellungen. Ich fordere Sie auf, an der Diskussion zu partizipieren. Darf ich fragen, wer das Eis bricht und als erste oder erster sich äußern möchte? Ja, bitte.

Herr Lammbacher:
Lammbacher mein Name. Ich breche hier das Eis. Ich stelle fest, es gibt verschiedene Bedenken der Vertreter der Medien. Ich frage mich, inwieweit ist es wichtig, eine Ausweitung von Angeboten anzubieten für eine Zielgruppe, die letztendlich ihren Bedarf bereits mit mannigfaltig verfügbarer Fachliteratur und Presse decken kann? Das ist eine Frage, die nicht befriedigend beantwortet ist für mich.

Als zweites fällt mir Ihr Argument der zeitlichen Verfügbarkeit, die Unterordnung der Medien, der Bildmedien an das – Sie haben sich so ausgedrückt – an das Diktat des Mediums, dem der Nutznießer sich unterworfen fühlt, auf. Das finde ich, ist auch nicht relevant, weil wir sehen, es sind hier doch ziemlich viele interessierte Leute, die ja auch zu einer gewissen Uhrzeit versammelt sind.

Dann stößt mir auf, daß ich hier Diskrepanzen sehe zwischen Frau Stopczyk und Herrn Lübbe vor allem. Ich habe das Gefühl, daß Frau Stopczyk so etwas wie einen Paradigmenwechsel anstrebt im Sinne von Aufgabe, Aufgeben von patriarchalischen Denkweisen, von patriarchalischer Philosophie. Ich frage mich – ich werde jetzt ein bißchen provozieren –, streben Sie so etwas wie feministische Philosophie an? Oder wollen einfach nur die

Aufweichung erreichen dieser männlich diktierten Denkweisen, die Sie also als seit 3000 Jahren tradiert in unangenehmer Weise empfinden? Das ist für mich nicht ganz klar geworden, um was es Ihnen dabei eigentlich geht.

Das wären die Dinge, die mir als erstes erst mal aufgefallen sind.

Zimmerli:
Herzlichen Dank! Die Fragen richten sich an unterschiedliche Teilnehmer des Podiums. Die erste scheint mir eindeutig an Sie adressiert zu sein, Herr Steiner. Möchten Sie darauf gleich antworten?

Steiner:
Ich habe zwei Fragen vernommen. Warum größeres Angebot an Philosophie im Fernsehen, wenn es doch Bücher gibt? Mein Gott, was soll man darauf sagen? Vielleicht ist es nur der Ehrgeiz der Fernsehleute, daß sie sagen: Auch wir wollen auf Gebieten präsent sein, die uns wichtig sind. Ich gehe aber weiter und sage: Das gesamte Programm sollte durchaus von Liebe zur Weisheit mitgetragen werden. Vielleicht reicht Ihnen das als Begründung nicht aus. Mir würde es schon reichen. Und ich meine auch, Sie müssen sehen, daß die Buchkultur heute eine Kultur für, ich würde nicht sagen eine Minderheit, aber für einen Teil der Bevölkerung ist, nicht für die gesamte Bevölkerung. Es gilt schon, was in dem größten Medium thematisiert wird, das schafft eine gewisse Virulenz. Von daher meine ich, man muß nicht die Bücherseite nur sehen. Natürlich kann man sagen: die Auflagen sind gestiegen, und wir haben noch keine Analphabeten. Aber man muß auch sehen: die Belletristik nimmt ab, und die Sachbücher nehmen zu, und in die Bücher schaut man hinein, die Bücher liest man nicht mehr so sehr. Da gibt es ja auch Untersuchungen dazu. Da ist es die Absicht in dem großen Medium, in den wichtigen Fragen präsent zu sein; ich halte das auch für notwendig.

Das zweite, das Problem der Zeit, des Zeitdiktats. Sie wissen, wenn Sie irgendwo hingehen müssen, dann müssen Sie eine ganz große Motivation haben. Sie hatten sie, aber es sollen auch mit Botschaften Leute erreicht werden, die einfach einmal zufällig aufdrehen. Vielleicht ist es Ihnen auch schon passiert, daß Sie zufällig irgendwo aufgedreht haben, und es hat Sie dann doch interessiert.

Zimmerli:
Herzlichen Dank! Dieses Bekenntnis ist auch wichtig, ich besitze nämlich auch keinen Fernsehapparat. Vielleicht sind wir hier in der Minderheit, aber ich vermute, fast alle hier haben keinen. Vielleicht kommen die hierher, die keinen Fernseher haben und deswegen zu Hause nichts Interessantes zu sehen haben.

Darf ich auf den ersten Punkt selbst kurz eingehen, bevor ich dann Frau Stopczyk zum zweiten Punkt (oder dem dritten in der Gesamtzählung) das Wort gebe.

Ich vermute, daß die These, Herr Steiner, die Sie gerade eben vertreten haben, zu den Thesen gehört, von denen Herr Lübbe uns eine eindrucksvolle Galerie hier bereits vorgeführt hat, nämlich den Thesen, die ebenso plausibel wie falsch sind. Es ist nämlich keine Rede davon, daß die Buchkultur im Rückgang begriffen wäre. Das genaue Gegenteil ist der Fall, sowohl wenn Sie sich die Produktionszahlen als auch wenn Sie sich anschauen, was faktisch gelesen wird. Es ist gerade im Gegenteil so, daß die ständige Konfrontation mit den Tele-Bildmedien dazu führt, daß der Bedarf an Lektüre wieder steigt. So jedenfalls würde ich es mir erklären. Es gibt noch einen weiteren Nebeneffekt, der von dem ebenfalls aus der Ritter-Schule stammenden Odo Marquard thematisiert worden ist: Dieses Anwachsen der Bücherproduktion muß evidentermaßen dazu führen, daß man gar nicht mehr lesen kann, was produziert wird, geschweige denn einen Überblick über andere Gebiete als das eigene haben könnte. Dies aber hat eine kommunikationsfördernde Wirkung, d.h. die Wiederkehr der Mündlichkeit ist ein Effekt der Überproduktion von Büchern. Das heißt, man vertraut auf das Urteil dessen, der es gelesen hat, dann braucht man es nicht mehr selbst zu lesen. Man fragt nämlich: Wie steht es denn, muß man das Buch gelesen haben? Nein, sagt der, der neue Konsalik, der lohnt sich nicht, oder der letzte doch. Dann liest man es nicht mehr, d.h. es hat sozusagen eine arbeitsteilige Kettenwirkung, eine Dominosteinwirkung. Das Fernsehen produziert einen Bedarf an mehr Lektüre, die Überproduktion des Mediums Buch führt dazu, daß man wieder mehr miteinander kommuniziert, nämlich über Bücher, nur im Unterschied zu früher über solche, die man nicht gelesen hat. Das wäre, glaube ich, ein interessanter Gegenansatz zu dem, was Sie vorgetragen haben.

Steiner:
Da fühle ich mich aber mißverstanden, und das möchte ich klarstellen. Ich sage, die Buchnutzung ist eine andere geworden, meßbar eine andere, aber insgesamt nehmen die Buchauflagen zu. Da gilt dann immer noch die alte Formel: Das Fernsehen ist das Telegramm mit dem Inhalt: Brief folgt. Und das mag die Zeitung oder das Buch sein. Dazu muß ich schon stehen.

Und es bleibt die Frage, die z.B. Vilem Flusser in einer unserer letzten Sendungen thematisiert hat, ob nicht das sequentielle Denken der Sprachkultur durch ein anderes Denken der Bildkultur abgelöst wird.

Zimmerli:
Gut, dann habe ich Sie gerne mißverstanden.
Bitte, Frau Stopczyk?

Stopczyk:
Sie haben gefragt, ob es mir um eine Aufweichung geht, Paradigmenwechsel vom patriarchalen Denken weg in in etwas anderes, oder feministische Philosophie. Also, das sind alles Wörter, die sind mir zu platt. Es geht mir einfach um mehr Lebensfähigkeit. Und ich möchte als Philosophin darüber nachdenken, wie das geht. Ich möchte nicht darüber nachdenken, wie andere Philosophen, die darüber nachgedacht haben, wie sie sich am besten aus dem raushalten können oder wie sie besser sterben können oder wie sie einen Teil der Welt wegdefinieren können oder so, sondern ich möchte möglichst viel begreifen können.

Das ist überhaupt meine Motivation. Und auf diesem Weg bin ich auf das gestoßen, was Patriarchat genannt wird, und vor allem auf die Anfangszeit in Griechenland. Auf das, was dann zivilisationsmäßig bis heute zu uns kommt. Und das Problem ist jetzt, daß wir ja nicht zu allem, was uns mißliebig ist, einfach sagen: das ist patriarchal, weg damit. Was ich jetzt mache, meine Arbeit, die ich jetzt fast abgeschlossen habe, ist zu zeigen, was damit zusammenhängt mit dieser politischen Umstrukturierung in der damaligen Zeit, in der gleichzeitig die Philosophie aufgekommen ist und das Vernunftdenken. Was das überhaupt für Strukturen sind und welche anderen Strukturen damit verhindert werden. Und Herr Steiner hat schon Andeutungen gemacht: es geht nicht mehr um lineares Denken, und diese anderen Sachen sind ja auch sehr esoterisch, zirkulares Denken und Spirale usw., alle reden jetzt irgendwie darum herum. Mir geht es darum, einfach zu fragen: Wie können wir Menschen auf dieser Erde etwas tun, damit wir uns so entwickeln, um mit dieser Erde existieren zu können, mit den Lebewesen? Das heißt, wir müssen eine andere eigenleibliche Empfindsamkeit entwickeln. Meine Philosophie oder das, was ich mache, ist nicht: Wir müssen mehr denken lernen, wir müssen vernünftiger werden, sondern: wir müssen sensibler werden. Dazu gehört eine ganze Menge. Dazu gehört nicht nur, daß wir in der Sprache toll sind, sondern wir müssen alle möglichen anderen Fähigkeiten auch entwickeln. Und dazu gehört für mich eine Vielfalt. Ähnlich, daß es so viele Zeitungen geben kann oder was weiß ich alles, viele verschiedene Themen, das ist alles da mit drin, und Herr Steiner sagte vorhin, wir können nicht mehrdimensional denken, weil wir das nicht im evolutionären Programm haben, das ist ein Irrtum. Das ist uns ja nur anerzogen, daß wir mehrdimensional nicht wahrnehmen können. Daß wir dann sofort von Orientierungsschwäche und von Krise reden, ist für mich eine Sache, daß der Mann nicht mehr versteht, was läuft, der will halt immer nur seine Linie haben, und wenn er die nicht findet, sagt er, jetzt haben wir eine Orientierungskrise. Ich seh das eher so, daß das, was jetzt ist, ein wahnsinniger Aufbruch ist von vielen Menschen, die in dieser Richtung suchen. Ob das nun in esoterischen Bereichen ist, in künstlerischen Bereichen ist, in sonstwas für Bereichen, und als Philosophin stell ich mir vor, daß ich das begreifen kann.

Zimmerli:
Danke schön! Darf ich um die nächsten Wortmeldungen bitten? Bitte, Herr Beck!

Herr Beck:
Es kristallisiert sich in der Diskussion immer deutlicher heraus, im Fragezusammenhang von Philosophie und Öffentlichkeit, was denn nun die Aufgabe überhaupt der Philosophie in der Öffentlichkeit sei. Denn nur dann kann man in Philosophie kritisieren, nur dann kann man an Philosophie Forderungen stellen, sie möge sich anders in der Öffentlichkeit artikulieren, als sie es bisher tut, wenn man über die Aufgabe der Philosophie sich Gedanken macht. Und da könnte man zunächst an das oft zitierte Wort Hegels denken: „Philosophie ist der Geist einer Zeit auf den Begriff gebracht." Der Geist einer Zeit, der sich in den verschiedenen Kulturerscheinungen der betreffenden Zeit artikuliert, versinnlicht, objektiviert, in der Wirtschaft, im Rechtsdenken, in der Politik, und Aufgabe der Philosophie wäre es wohl, in dieser Perspektive den Sinn, den menschlichen Sinn oder Widersinn einer Zeit, der sich in den verschiedenen Kulturerscheinungen dieser Zeit ausdrückt, bewußt zu machen, sichtbar zu machen, gegenüberzustellen, so daß man sich auseinandersetzen kann mit diesen Geist, mit diesem Sinn oder Widersinn der Gegenwart.

Aber dazu bedarf es der Massenmedien, der Medien, die diesen von der Philosophie in den Begriff erhobenen Sinn oder Widersinn der Zeit versinnlichen. Sinnenfällig machen. Und somit ergibt sich eine Polarität, eine notwendige Zusammenarbeit, ein Teamwork von Philosophie, die die Arbeit des Begriffs als ihre Aufgabe hat, und von Massenmedien, die die Versinnlichung des Sinnes als Aufgabe haben. Nun, es gibt ein chinesisches Sprichwort, das lautet: „Ein Bild, das in die Sinne fällt, sagt mehr als tausend Worte." Da könnte man jetzt den Schluß ziehen: Ja, so lassen wir doch die Worte, die tausend Worte. Lassen wir doch die Philosophie. Wenn ein Bild ohnehin mehr sagt als tausend Worte. Ist Philosophie verzichtbar? Da doch das Bild ganz anders die Emotionen ergreift. Und zur Aktion motiviert. Das Bild sagt zwar mehr als tausend Worte. Aber das Bild sagt das, was es sagt, halt so undeutlich und so verschieden deutbar, daß es mehr als tausend Worte braucht, um das, was das Bild sagt, herauszuheben. Es bedarf also der Philosophie, der Kritik.

Also eine erste These möchte ich in die Diskussion einbringen: Aufgabe der Philosophie ist es, in Zusammenarbeit, im Wechselspiel, in der kritischen Ergänzung mit den Massenmedien den Sinn oder menschlichen Widersinn einer Zeit sichtbar zu machen. Und so zur konkreten Aktion herauszufordern. Eine zweite These: Was könnte denn dieser Sinn oder Widersinn der weltgeschichtlichen Situation sein, in der wir heute stehen? Also ganz konkret gefragt: Was ist die Aufgabe der Philosophie heute? Nun es geht zentral um den Frieden. Alternativ zum Frieden gibt es keine Überlebenschance. Aber was ist denn das, der Friede? Was ist der Friede in seinem menschlichen Wesen, in seinem menschlichen Sinn? Der Friede mit der Natur, der Friede mit den Mitmenschen, der Friede nur auf politischer Ebene, der Friede mit sich selbst, der Friede mit dem anderen Geschlecht. Mir scheint, da haben wir eine zentrale philosophische Aufgabe heute. Zu erkunden, reflektiert zu erarbeiten, was ist denn das, der Friede überhaupt? Denn nur dann kann man ja zum Frieden erziehen: Wenn man philosophisch fragt, was ist denn das überhaupt, der Friede? Was ist der menschliche Sinn des Friedens? Und hier gibt es eine ganze Reihe von wichtigen philosophischen Aussagen. Man denke nur an Kants Idee des ewigen Friedens, läßt sich das auf die heutige Zeit ohne weiteres übertragen? Also meine zweite These wäre: Die Aufgabe der Philosophie heute, die im Gespräch mit den Medien anzugehen wäre, ist die umfassende Reflexion dessen, was Friede ist.

Und eine dritte These noch, dann möchte ich das kleine Statement abschließen. Es scheint, daß die Menschheit heute zwar weitgehend bereits friedenswillig ist, aber noch keineswegs friedensfähig. Woher mag das kommen? Vielleicht weil die Qualität des Menschlichen noch nicht genügt. Die Menschlichkeit des Menschen einer kreativen Weiterentwicklung bedarf. Die Menschlichkeit vielleicht noch zu partikulär auf einzelne Kulturen restringiert erscheint. Auf die abendländische Kultur. Sie allein kann den Frieden der Welt nicht bringen. Asiatische Kulturen, afrikanische Kulturen, sie sind alle sehr begrenzte

Ausprägungen von Menschlichkeit. Und so könnte es scheinen, daß die philosophische Aufgabe heute in der Perspektive und Verlängerung der Frage: was ist das denn, der Friede?, darin besteht, die Menschlichkeit in den Kulturen zu analysieren. Auf ihren Sinn und Widersinn. Und so eine kreative Begegnung der Weltkultur, der abendländischen Kultur, des euro-asiatischen, des afro-asiatischen Kulturbereichs anzubahnen und so eine Kulturbegegnung zu favorisieren, in Gang zu bringen, im Hinblick auf eine integrale Menschheitskultur, an der das Überleben der Menschheit hängt. Also meine dritte These, als Frage zugleich an die Podiumsteilnehmer gerichtet: Ist nicht die Aufgabe der Philosophie heute, ganz konkret die Menschlichkeit des Menschen zu bedenken, einen qualifizierten Begriff von Menschlichsein zu entwickeln im Gespräch, im kritischen Dialog und im kreativen Dialog der traditionellen Kulturen?

Zimmerli:
Herzlichen Dank, Herr Beck! Darf ich fragen, wer im Podium auf diese Ausführungen reagieren möchte? Herr Lübbe?

Lübbe:
Ich glaube zu sehen, daß in unserer Gegenwartskultur einschließlich ihres politischen Sektors die Prozesse längst im Gange sind, die hier Herr Beck sehr zu Recht für nötig erklärt hat. Ich will das an einem einzigen Beispiel erläutern und beschränke mich dabei auf Europa. Ich beziehe mich auf das gemeineuropäische Phänomen des Regionalismus. Was ist das? Es handelt sich um politische und kulturelle Bewegungen der Verlebendigung und Revitalisierung unserer kleinen Herkunftskulturen. Auch in Franken gibt es das, und das sogar in Formen der Übertreibung („Los von Bayern!"). Auch meine friesischen Landsleute sind regionalistisch bewegt, und so weiter von den Bretonen über die Sarden bis hin zu den burgenländischen Austrokroaten. Um Provinzialismen handelt es sich hier keineswegs. Vielmehr sind die regionalistischen Bewegungen europäisch organisiert und machen überaus wirksam ihren Einfluß auf den Prozeß europäischer Verfassungspolitik geltend. Näherhin plädieren sie wirksam für eine hochföderale Verfas-

sung der projektierten Europäischen Union. Die letztinstanzliche Frage, die hinter diesem Prozeß sich verbirgt, lautet: Wie kann man im Kontext moderner Gesellschaften, wo wir über immer größere Räume hinweg als Verschiedene miteinander zu koexistieren und zu kooperieren haben, die Konflikte domestizieren, die sich dabei aus unserem jeweiligen und wechselseitigen Selbstbehauptungswillen ergeben könnten? Die Antwort auf diese Frage lautet: Das kann nur über die Erhebung des Willens zur kulturellen Selbstbehauptung zu einklagbaren subjektiven Rechten der kulturellen und politischen Selbstbestimmung gelingen. Im Rahmen föderaler politischer Ordnung geschieht das, und wo es nicht geschieht, resultieren aus solchen Versäumnissen jugoslawische oder kaukasische Zustände.

Stopczyk:
Also wie ich Sie verstanden habe, fordern Sie, etwas mehr darüber nachzudenken, was Frieden sein kann, was Menschlichkeit sein kann und daß wir zur Hilfe dafür uns andere Kulturen angucken müssen. Und gerade vom Eurozentrismus auch absehen müßten. So hab ich das jetzt verstanden. Ich selbst benütze den Begriff Frieden nicht mehr, weil eben das so ein Hauptwort ist und man den Eindruck hat, da steckt nun etwas dahinter, man müßte das mal herausfinden, also ich sehe es als meine Aufgabe an, eben Verbindungslinien oder Verbindungen herzustellen, und Frieden heißt ja eigentlich: Verbindung von mir zu allem Möglichen herzustellen, Unfrieden heißt ja, wenn man Verbindungen kappt. Wenn man sich eingrenzt, zumacht. Und Frieden heißt, sich öffnen und das Andere heranlassen, zu dem Anderen Verbindungen herstellen. Und nicht nur einfach lassen, sondern eben eine bejahende Verbindung herstellen und das Problem ist – in der europäischen Zivilisationsgeschichte genau so, wie wir ja wissen, auch bei den Eskimos, die sagen nur: wir sind Menschen, und die anderen sind Barbaren, und bei den Griechen war es so, und bei uns heute im Grunde ist es auch noch so – , daß wir Europäer irgendwohin kommen und meinen, jetzt bringen wir die Zivilisation oder jetzt bringen wir den Frieden und machen dafür Krieg. Das haben wir gehabt, und ich denke, wir müssen ganz von dem runter kommen und einfach nur im Einfachen suchen: wie können wir die Denkstruktur bei uns selbst

außer acht lassen und andere entwickeln, die uns einfach verbindungsfähiger machen? Ich denke, dann hätten wir auch andere Möglichkeiten. Menschsein heißt ja nicht nur einfach Vernunft entwickeln, denn das wurde ja immer als Menschlichkeit bisher gesehen im Unterschied zum Tier, im Unterschied zur Natur. Der Mensch ist eben nicht nur das vernunftbegabte Wesen oder das politische Wesen, sondern daß wir dann auch andere Menschlichkeitsbegriffe finden für uns selbst, die uns viel mehr integrieren, also auch die gar nicht mal den Unterschied zum Tier machen, gar nicht mehr den Unterschied machen zur Pflanze oder so, und an solchen Überlegungen, daran bin ich am arbeiten, und ich denke, daß das vielleicht weiterführt, das hört sich vielleicht ein bißchen seltsam an, aber man muß ja ein paar Grenzen auflösen, und das kann man am besten machen, indem man irgendwelche anderen Extreme erst mal nimmt.

Zimmerli:
Danke schön! Darf ich die nächste Wortmeldung erbitten? Bitte, Frau Bazinek!

Frau Bazinek:
Also, ich hab drei Fragen an Frau Stopczyk. Und zwar ist mir aufgefallen, daß Sie von der Vernunft und der Tradition sprechen. Und ich möchte einfach nachfragen, ob Sie klar sagen würden, es gibt die Vernunft, also für mich ist das eher eine Karikaturform von Vernunft gewesen, eine mögliche Form der Ideologisierung, die sich eben durchgesetzt hat, und jetzt heißt es die Vernunft gilt, möglicherweise wäre auch Vernunft zu revidieren. Und das zweite ist eben Tradition. Ich glaube nicht, daß es einen monolithischen Traditionsblock gibt, sondern daß auch die Tradition aus verschiedenen Strängen besteht, und ich weiß nicht, ob Sie auf andere Stränge gestoßen sind und uns darüber was sagen könnten. Sie erwähnten, daß Sie viel lesen, und was mich noch besonders interessieren würde, ist dieses, was Sie kurz erwähnt haben, das andere Wahrnehmen, da würde ich mehr drüber hören wollen. Was das heißt.

Zimmerli:
Drei erfreulich kurze präzise Fragen, auf die hoffentlich entsprechende Antworten kommen.

Stopczyk:
Also die Vernunft und die Tradition gefällt mir auch nicht, eben so substantivierte Wörter, und eigentlich darf man so gar nicht darüber reden. Aber ich hab's trotzdem getan, weil, man muß eben jetzt kurz reden. Aber die Vernunfttradition ist für mich schon festgelegt in einer ganz bestimmten Weise, nämlich in einer ganz bestimmten Weise geregelt zu denken, und das ist auch so philosophisch entwickelt worden, und alltagssprachlich verwenden wir das Wort Vernunft ja viel weiter und globaler, wir meinen ja auch immer das Gute, und wenn du vernünftig sein sollst, sollst du gut sein usw. Das ist aber viel weiter gefaßt, als wir es in der Philosophiegeschichte oder wie es Philosophen gefaßt haben. Und da möchte ich dann unterscheiden. Alltagssprachlich kann man darüber reden, und meinetwegen lassen wir das Wort Vernunft und meinen vielleicht trotzdem irgendwas anderes noch dazu, aber wenn es jetzt um die philosophischen Formen geht, die uns dann ja auch per Erziehung usw. und per Wissenschaft dann entgegenkommen, dann gibt es ganz genaue Begriffe, ganz genaue Vorstellungen von dem, was Vernunft ist, was geregeltes Denken ist usw. Und dagegen geht es. Und das kann ich jetzt auch nicht. Das andere ist natürlich sehr esoterisch, die andere Seite. Da bin ich selbst am Forschen. Da bin ich noch nicht so weit, das alles in rationale Begriffe zu bringen. Aber ich denke, wenn ich 60 bin, werde ich das können.

Zimmerli:
Das dauert ja noch ein Weilchen. Darf ich daran erinnern, daß noch eine Frage offen ist, nämlich die Frage nach der Tradition. Ob Sie auf Stränge innerhalb der Tradition gestoßen sind, die sozusagen Alternativen zur Vernunft . . .

Stopczyk:
Naja, Alternativen. Ich bin auf die Sophiologen gestoßen, die heute noch in Rußland zum Teil noch lebendig sind. Das sind eben Philosophen in einem vorsokratischen Sinne, die auch immer die Philologen angreifen. Daher habe ich auch diese Unterscheidung. Und dazu gehört der Bruder von Bulgakow, den wir nur als Schriftsteller kennen. Der Bruder war ein Priester, ein Orthodoxer, und die Orthodoxen beten ja immer noch Sophia an – Hagia Sophia –, vielleicht kennen Sie das als die große Kirche. Und das hört sich natürlich jetzt erst mal schrecklich an, weil Christentum, Religion usw. Aber da gibt es eben Philosophen, die einfach eine andere Haltung zur Welt dadurch haben. Es gibt in der deutschen Tradition Philosophen, die auch in dieser Richtung gearbeitet haben, Jakob Böhme z.B., Paracelsus, Agrippa von Nettesheim. Und das sind für mich während meiner Arbeit Spuren gewesen, wo ich einfach gemerkt habe: Aha, da geht's, da kann heute noch was passieren. Das muß ich jetzt nur alles rankriegen. Und diese feine Tradition ist ja immer in der akademischen Philosophie unterdrückt worden, diese Leute werden seltenst gelehrt, und wenn, dann nur ganz kurz. Es gibt die Giordano-Bruno-Gesellschaft, die sich noch um diese Art Philosophieren kümmert. Das sind nur kleine Anklänge. Ansonsten habe ich eben sehr viel Matriarchatsforschung gemacht, alte Rituale, Mysterienkulte nacherlebt, nachempfunden, versucht zu verstehen, was damals überhaupt los war, welche Denk- und Gefühlsformen verändert werden mußten. Und aus dieser Arbeit, da entwickelt sich etwas, was ich formulieren werde.

Zimmerli:
Herzlichen Dank! Darf ich um weitere Fragen bitten? Wir stellen uns vor, daß wir dann langsam zum Ende kommen. Irgendwo eine Frage, die noch dringend ist? Ja, bitte, Herr Gerten!

Herr Gerten:
Ob die Frage dringend ist, weiß ich nicht. Ich möchte noch kurz eine Differenzierung in die Diskussion einbringen. Ich weiß al-

lerdings nicht, wie weit das noch diskutiert werden kann. Und zwar aus der Sicht eines Philosophie-Studenten.

Wenn man anfängt zu studieren, ist man natürlich noch kein Schulphilosoph, wie Kant die Unterscheidung einführt. Es gibt Philosophie im Sinne von Schulphilosophie, also akademische Philosophie, und den Weltbegriff von Philosophie, den würde ich dann eher als Weisheit oder Sophia bezeichnen. In dem Sinne philosophiert jeder. Das habe ich allerdings wiederum erst in der Schule, sprich: in der Universität erfahren, daß ich immer schon philosophiert habe. Das wußte ich vorher gar nicht. Also im Sinne des Weltbegriffs hat jeder immer schon philosophiert und philosophiert immer jeder schon. Und in diesem Weltbegriff Philosophie gibt es kein Problem mit Öffentlichkeit, denn das passiert in der Öffentlichkeit tatsächlich. Die Frage ist allerdings dann noch: Ist eine akademische Philosophie notwendig? Das ist allerdings eine Frage, die sich erstens für die akademische Philosophie stellt mit dem Problem, daß sie dann nur noch akademisch behandelt wird, d.h. die Philosophie macht sich selbst notwendig als akademische, meinetwegen um Geld damit zu verdienen. Ich glaube aber auch, daß es noch einen anderen Grund gibt, warum akademische Philosophie notwendig ist, nämlich von dem Weltbegriff her. Der Weltbegriff der Philosophie fordert selbst eine akademische Philosophie, was nicht heißt, daß jeder Akademiker Philosoph werden muß. Das wäre schlimm, wie wir wissen, denn wer würde uns dann die Brötchen backen z.B., wenn jeder Schulphilosoph wäre. Es ist also eine freie Entscheidung, Schulphilosoph zu werden und in diesem akademischen Bereich Philosophie zu betreiben, und in diesem akademischen Bereich hat man, sage ich als Student, auch den Anspruch darauf, daß wissenschaftlich gearbeitet wird. Das heißt, daß nicht bloße Sophia stattfindet im Sinne von Weltbegriff, das kann man in einer Kneipe besser machen als in der Universität.

Stopczyk:
Aber das ist schon das Problem, daß Sie das so sehen, ja. Das ist schon das Problem.

Gerten:
Ich sehe keinen Widerspruch dabei, ich habe kein Problem ...

Stopczyk:
Daß Sophia reduziert wird.

Gerten:
Nein, ich habe kein Problem damit, Schulphilosoph zu sein und trotzdem in der Kneipe zu philosophieren. Allerdings werde ich mir ...

Stopczyk:
Aber das ist doch nicht Sophia, in der Kneipe zu philosophieren, Entschuldigung.

Gerten:
Oder in der Öffentlichkeit. Natürlich darf man jetzt nicht auf der Kneipe rumreiten. Sagen wir in der Öffentlichkeit zu philosophieren. Ich habe kein Problem damit, als Schulphilosoph mehr wissenschaftlich zu wissen über Philosophie und über das, was die Welt im Innersten zusammenhält, als andere, da habe ich kein Problem damit. Das heißt, ein elitäres Denken entspringt doch nur dann, wenn man dieses Wissen zur Machtausübung ausnutzt. Wenn ich auf dem Standpunkt stehe, daß natürlich auch der akademische Philosoph letzten Endes sich dem Gemeinwohl als dem obersten Begriff zu unterwerfen hat, d.h. man studiert Philosophie und betreibt akademische Philosophie aus Gründen des Gemeinwohls, so daß der Widerspruch sozusagen aufgehoben ist, weil man sich unter ein gemeinsames Ziel stellt, eben das Gemeinwohl. Insofern verlange ich in der Universität akademische Philosophie, dann aber auch bitte wissenschaftlich fundiert. Und in der Öffentlichkeit philosophiert jeder selber, da hat man nichts zu verlangen, da hat man keinem was vorzuschreiben. Also den Weltbegriff von Philosophie kann man gar nicht fördern, den braucht man auch nicht zu fördern, was man fördern muß, ist akademische Philosophie für die Welt.

Zimmerli:
Herzlichen Dank! Es wird Sie als philosophiehistorisch Gebildeten nicht überraschen, Herr Gerten, daß dies ein Programm ist, das in der deutschen Aufklärung explizit so formuliert worden ist, etwa von Engel und Garve: die Philosophie für die Welt. Es gibt sogar noch die gegenteilige Figur, nämlich den Versuch einer Weltphilosophie vom Katheder, also sozusagen das zu einem wissenschaftlichen Prinzip zu machen, was Feder und die anderen Göttinger im 18. Jahrhundert versucht haben. Aber das würde jetzt zu sehr in die eingemachten Details führen. Ich habe den Wunsch von Herrn Steiner registriert, darauf direkt zu antworten.

Steiner:
Nur die ganz kurze Anmerkung, daß die Brücke vom Katheder zur Allgemeinheit geschlagen wird bei der Kinderphilosophie. Wir haben gerade einen Film über Kinderphilosophie gemacht, die in Berlin, Zürich und Graz betrieben wird, und wir haben mit großem Erstaunen festgestellt, wie viel eigentlich dann durch die Schule an philosophischer Fragestellung bei den jungen Menschen verlorengeht.

Zimmerli:
Herzlichen Dank! Sind weitere Wortmeldungen? Gut, wenn das nicht der Fall ist, erlauben Sie mir, zunächst den Podiumsteilnehmern noch einmal Gelegenheit zu geben, falls sie möchten, ein kurzes abschließendes Statement abzugeben. Herr Steiner?

Steiner:
Also ich möchte zwei Dinge anmerken noch am Ende. Eine Ergänzung, ich habe inzwischen die neuesten Zahlen gefunden. Die Erwachsenen haben zugelegt bei der Fernsehnutzungszeit von zwei Stunden 1980 auf zwei Stunden 36 Minuten 1990, die Kinder liegen bei 87 Minuten. Nur ist immerhin festzustellen, daß Kabelhaushalte 282 Minuten täglich ihre Kiste anhaben, das sind fast fünf Stunden, Nichtkabelhaushalte 233 Minuten. Philosophie durch oder trotz dieser Medien der Öffentlichkeit?

Ich möchte jetzt als Schlußwort nur sagen, daß die Bürgerlichkeit der Philosophie eine Forderung ist, die sich trifft mit der Forderung nach Mündigkeit, ohne die ein Gemeinwesen nicht existieren kann. Und wenn ich noch einmal auf die Frage, die so einfach an mich gerichtet war vorher, präziser antworten darf, dann würde ich es mit dem einen Satz tun: Die Aufgabe des Fernsehens ist – wie ich sie verstehe –, den Zuschauer aus der Scheinpartizipation am Weltgeschehen herauszulösen und ihm zu einer echten Teilnahme am gedanklichen Prozeß zu verhelfen. Und das hätte nun das Medium gemeinsam mit der Philosophie.

Zimmerli:
Danke schön! Frau Stopczyk?

Stopczyk:
Ich möchte nochmal ein Plädoyer dafür halten zu philosophieren, das heißt, Sophia oder Weisheit zu beachten, das hat überhaupt nichts mit Stammtisch und überhaupt nichts mit dem, was jeder kann, zu tun. Meiner Meinung nach kann es fast niemand, und das ist das Problem. Und Philosophieren im akademischen Sinne können viele, und das geht auch sehr leicht. Man braucht dazu nur ein Buch zu lesen. Deshalb bitte ich darum, wenn ich an irgendeine imaginäre Öffentlichkeit etwas sagen darf: Bitte, hört weniger auf die Philosophie-Professoren und denkt selber!

Zimmerli:
Herzlichen Dank! Herr Heckel?

Heckel:
Ich möchte die Philosophie und die Philosophen auffordern, Öffentlichkeit nicht nur in ihrem Verhältnis zu den Medien zu finden, sondern sich selbst intensiver, als das bislang geschieht, einzumischen, beispielsweise philosophisches Denken auch in der Politik deutlicher zu machen. Ich will damit nicht sagen,

daß die Paulskirche wieder kommen muß, dort waren vielleicht zu viele Professoren, aber es wäre in der Tat nach meiner Ansicht förderlich, wenn die Philosophie sich direkt in der Öffentlichkeit stärker darstellen würde.

Zimmerli:
Danke schön! Herr Lübbe?

Lübbe:
Die Aufforderung, die Herr Heckel an die Philosophen gerichtet hat, sich in der Öffentlichkeit sichtbarer zur Geltung zu bringen, vernimmt der Philosoph durchaus gern. Freilich bleibt zu erinnern, daß es der Philosophie ja auch in früheren Epochen ihrer Geschichte durchaus beschieden war, die Öffentlichkeit zu erreichen, und eben dabei hat sie sich nicht nur als wohltätige Macht, vielmehr auch als eine Macht des Verhängnisses erwiesen. Das zu zeigen war ja einer der Zwecke meines Vortrags am vorgestrigen Abend. Philosophie war an der Formation der großen totalitären Ideologien dieses Jahrhunderts beteiligt, und die Philosophie hat Legitimationspotentiale für schlimme politische Praxis bereitgestellt. Ein Plädoyer für die Abschaffung der Philosophie läßt sich daraus nicht herleiten. Gegen schlimme Philosophie hilft nicht Nicht-Philosophie, vielmehr einzig bessere Philosophie.

Ganz zum Schluß kann ich noch einmal Übereinstimmung mit Ihnen, Frau Stopczyk, bekunden. Ich kann dabei zugleich an Herrn Beck anknüpfen, näherhin an sein Plädoyer für eine Philosophie des Friedens, die in unserer Zeit zugleich eine Philosophie des Friedens mit der Natur einzuschließen hat. Sie haben also recht, Frau Stopczyk, daß der in unserer Zivilisation hochnötige Sinn für das Eigenrecht der Natur nicht zuletzt über eine Kultur der Sinnlichkeit zu erwecken ist. Aber insoweit möchte ich in der mir eigenen Zuversicht doch die Aufmerksamkeit darauf lenken, daß gerade dieser zu Recht eingeforderte Sinn für die Natur unabhängig von ihrer ausbeutbaren Nützlichkeit modernitätsspezifisch ist. Noch die Zisterzienser haben in vorindustrieller Zeit das Waldbrennen als gottwohlgefälliges Werk gepriesen. Noch im späten 18. Jahrhundert war der Schwarzwald unter dem Druck der damaligen Energiekrise, die eine Holzkrise war, ein elender verkrüppelter und verknüppelter Bauernwald mit erodierten Hängen, verschotterten Talböden. Dann allerdings gab es die Dampfmaschine, die die Erschließung der Kohlelager in größeren Tiefen möglich machte und damit den Übergang zur Montanindustrie. Nun erst, über die moderne Industrie, war dem Schwarzwald Erholung verstattet. Forstwissenschaftlich angeleitet, wurde er durch die Administration des badischen Musterländles rekultiviert, so daß er nun in jener ernsten hochstämmigen Schöne dasteht, die uns der verklärende Schwenk der Fernsehkamera in den einschlägigen Serien heute ins Haus bringt. Die Schleiermachersche Schöpfungs-Theologie hat die Natur und ihre Schönheit als die Schönheit der Schöpfung neu zu sehen gelehrt, das heißt sie hat die spezifisch moderne Naturästhetik vergeistlicht, und erst seither konnte man es sich einfallen lassen, Pfingstgottesdienste im „Dom des Waldes" stattfinden zu lassen. Nun erst, im Kontext der modernen Industriekultur, kommen Naturschutzbewegungen in Gang. Nationalparks werden angelegt, und man entdeckt kulturell die Schönheit von naturalen Gegebenheiten, die in früheren Zivilisationsepochen nichts als Wüstenei und Unwirtlichkeit und Unzugänglichkeit repräsentierten, das heißt man entdeckt die Schönheit des Hochgebirges und macht die Kulturwüste der Lüneburger Heide lyrikfähig. Kurz: Die Naturkultur, auf die wir in der modernen Zivilisation in der Tat wie nie zuvor angewiesen sind, wird just durch die moderne Zivilisation hervorgetrieben. An kulturell erwecktem Sinn für das Eigenrecht der Natur fehlt es uns in der modernen Zivilisation keineswegs. Eher fehlt es uns an technischen Könnerschaften, auf die wir heute zur Naturkonservierung angewiesen sind. Die benötigten moralischen Ressourcen hingegen sind, wie mir scheinen will, vorhanden.

Zimmerli:

Herzlichen Dank! Meine Damen und Herren, es ist eine Art Bestätigung der These von Frau Stopczyk, wenn ich jetzt als Mann und dazu noch als Philosophie-Professor wieder das letzte Wort habe. Aber Sie haben ja vorhin gehört: Glauben Sie mir bitte nichts. Außer vielleicht folgendes:

Wir haben einige Themen gar nicht diskutiert. Normalerweise faßt man die Erfolge zusammen, wenn man diese Rolle spielt, die ich jetzt spiele, nämlich die des Diskussionsleiters, der das Abschlußwort spricht. Man faßt die Erfolge der Diskussion zusammen, und deswegen fallen auch meistens die Abschlußvoten so kurz aus, weil es im Regelfall wenig Erfolgreiches von Podiumsdiskussionen zu melden gilt.

Hier gibt es etwas zu melden: Wir haben erstens noch gar nicht bedacht – und ich bitte Sie, das zu bedenken –, ob denn überhaupt Philosophie und Öffentlichkeit nicht so herum verstanden werden müßte, daß es einer Philosophie der Öffentlichkeit bedarf. Wer weiß denn, was „Öffentlichkeit" heißt? Wer weiß denn, z.B. wenn er Richard Sennetts Buch über den „Verlust der Öffentlichkeit" nicht gelesen hat, daß das, was wir „Öffentlichkeit" nennen, und das, was das 18. Jahrhundert „Öffentlichkeit" nannte, etwas vollständig Verschiedenes ist, und daß unsere Gegenwart geradezu von einem Zerfall der Öffentlichkeit gekennzeichnet ist, ausgelöst durch die Omnipräsenz der Massenmedien. Veranstaltungen wie diese sind ja die Ausnahme, sie sind sozusagen Öffentlichkeit des 18. Jahrhunderts, während das, was wir als „Öffentlichkeit" bezeichnen, die höchst private Form des allein oder zu zweit allein vor dem Fernsehgerät Sitzens bedeutet. Darüber haben wir gesprochen, als wir über Öffentlichkeit gesprochen haben. Vielleicht müßten wir uns überlegen, was „Öffentlichkeit" in Zusammenhängen einer Wiedergewinnung der neuen Bürgerlichkeit in diesem Sinne heißen könnte.

Zweitens haben wir nicht bedacht, daß es auch so etwas wie eine typisch philosophische „große Weigerung" geben kann, sich den Massenmedien anzuvertrauen. Es könnte ja – der schon häufig in unterschiedlich anerkennenden Zusammenhängen zitierte Heidegger ist ein gutes Beispiel – durchaus sein, daß die beste Form philosophischer Öffentlichkeit die der totalen Verweigerung ist, die nur durch ein posthumes Interview (das dann allerdings einen besonders hohen Seltenheitswert und daher einen ganz besonders hohen Anerkennungs- und Öffentlichkeitseffekt hat) durchbrochen wird. Es könnte durchaus sein, daß dies die wahrhaft philosophische Haltung in bezug auf die Öffentlichkeit wäre.

Und es könnte drittens sein – das ist ein Punkt, den wir vielleicht ohnehin inhaltlich noch weiterverfolgen müssen –, daß die Form, in der Öffentlichkeit in der bildmedialen Welt sich präsentiert, und die Form, in der Philosophie als Wortphilosophie sich bisher präsentierte, an einer Stelle ein Bindeglied haben, ein Bindeglied übrigens, was insbesondere in ganz ausgesprochen rationalen Zusammenhängen, nämlich in der Diskussion der Künstlichen Intelligenz gegenwärtig eine zentrale Rolle zu spielen beginnt. Ich meine natürlich die Metapher, das Wortbild. Die Kultur des Wortbildes ist vielleicht das Bindeglied, das erlaubt, die Redeform, das Philo-logische, mit dem Philosophischen und erst recht mit dem Sinnlichen zu verbinden. Dazu gehört aber auch neben dem Metaphorischen, neben der Kunst des Metaphorischen, vielleicht noch die Kunst des Narrativen, auf die unser Hegelredner dieses Jahr ja immer wieder mit Recht hingewiesen hat. Die Narrativität, das Erzählen von Geschichten, ist eine solche Form, in der sich, die Grenzen unserer Logosrationalität sprengend, auch so etwas wie Vernunft ereignen kann, die über die zu Recht kritisierten engen Grenzen der Vernunft hinausgehen. Dieses gesagt habend, erinnere ich mich daran, daß ich im letzten Jahr, als ich mangels eines passenden Klassikerzitates, das man an den Schluß solcher Zusammenfassungen stellen sollte, mich selber zitierend gesagt hatte, die Vernunft sei der Felsen, an den unsere eigene Form des Denkens prometheisch geschmiedet bleibe. Damit soll gesagt sein, daß wir, selbst wenn wir die Vernunftgrenzen zu übersteigen versuchen, uns ihrer bedienen müssen, um dies zu tun. Und Sie haben es ja gesehen: Was Frau Stopczyk gesagt hat, war sehr vernünftig, fand ich! Meine Damen und Herren, ich habe mir überlegt, ob man eine entsprechende Begründung dafür finden kann. Natürlich kann man die Begründung finden. Es heißt ja schließlich auch „die" Vernunft, und selbst ihre lateinische Vorfahrin war „die" ratio, d.h. auch dies natürlich feminin, nicht nur die sophia . . . Und das ist vielleicht ein Hinweis darauf, daß wir so weit voneinander entfernt gar nicht sind.

Meine Damen und Herren, es bleibt mir an dieser Stelle nur, allen, die am Podium teilgenommen haben, zu danken. Es bleibt aber insbesondere Ihnen zu danken, daß Sie die Mühe und die Hitze, buchstäblich den Schweiß und die Anstrengung des Begriffs nicht gescheut haben und hier drei Abende ausgeharrt haben. Es gehört zum Konzept unserer hiesigen fränkischen neuen Bürgerlichkeit der Philosophie, daß wir sie, wenn auch nicht in der Kneipe, so doch auf dem Keller fortsetzen. Für diejenigen, die das letzte Mal dabei waren, wird das Bild unauslöschlich in Erinnerung geblieben sein, wie Hans-Georg Gadamer inmitten einer Schar ihn anbetender junger Teilnehmerinnen und Teilnehmer der letztjährigen Veranstaltungen oben auf dem Wilde-Rose-Keller saß.

Meine Damen und Herren, es geht weiter. Diesmal allerdings, weil es die zweiten Hegelwochen sind, auf einem anderen Keller, auf dem Spezial-Keller. Wer von Ihnen in ähnlicher Weise, die Schule von Athen – Sie kennen das Bild – verkörpernd, sich um Hermann Lübbe scharen möchte, den bitte ich herzlich, dahin zu kommen. Danke sehr!

[1] G. W. F. Hegel, „Über das Wesen der philosophischen Kritik . . .“ (1802), in: G. W. F. Hegel, Theorie Werkausgabe Bd. 2, Frankfurt am Main 1970, S. 182.

[2] G. W. F. Hegel, „Verhältnis des Skeptizismus zur Philosophie“, ebd. 240).

[3] G. W. F. Hegel, „Über das Wesen der philosophischen Kritik . . .“, ebd. 182.